AF546419

Zweite Auflage
Verbrecher Verlag Berlin 2025

Verbrecher Verlag GmbH
Gneisenaustraße 2a
10961 Berlin
info@verbrecherei.de
www.verbrecherei.de


Druck und Bindung: CPI Clausen & Bosse, Leck
Satz: Christian Walter

ISBN 978-3-95732-595-2

Printed in Germany

Der Verlag dankt Luisa Heinemann und Anna Herbeck.

KURT TUCHOLSKY

# WENN WIR EINMAL NICHT GRAUSAM SIND, DANN GLAUBEN WIR GLEICH, WIR SEIEN GUT

Herausgegeben und mit einem
Vor- und Nachwort von Robert Stadlober

VERBRECHER VERLAG

Robert Stadlober nimmt uns in diesem Band auf eine Reise mit Texten von Kurt Tucholsky, die er präzise ausgewählt hat. Es geht um die Unmöglichkeiten des menschlichen Umgangs. In Liebesdingen wie in Dingen des Hasses, um die Sinnlosigkeit von Gewalt sowie die Hoffnungslosigkeit von Politik, die sich über Gewalt zu vermitteln sucht. Es geht um die Sehnsucht nach einer Art richtigem Leben und um den immerwährenden Kampf der Vielen um ein kleines Stück vom Ganzen.

Ergänzt wird die Textauswahl mit einem Vor- und einem Nachwort von Robert Stadlober. Zudem erscheint bei Staatsakt eine gleichnamige LP mit Tucholsky-Vertonungen Stadlobers.

*Kurt Tucholsky* (1890–1935) war einer der bedeutendsten deutschen Satiriker und Gesellschaftskritiker des 20. Jahrhunderts.
*Robert Stadlober,* geboren 1982 in Friesach, ist ein österreichischer Schauspieler, Musiker und Autor. Er ist bekannt aus zahlreichen Rollen in Kino- und Fernsehfilmen. Mit HEYM, seinem Band-Projekt zusammen mit Klara Deutschmann und Daniel Moheit, vertonte er die Gedichte von Stefan Heym. Robert Stadlober lebt in Wien.

# Inhalt

# Vorwort

Robert Stadlober

Einmal angenommen heute wäre ein heller, sonniger Tag, wir befänden uns in Berlin, in der Nähe eines Bahnhofes, vielleicht sogar des Bahnhofs Zoo, und wir hätten den Rest des Tages nichts weiter zu tun. Was spräche dagegen, in einen der auf Abfahrt wartenden Züge zu steigen, egal ob Stadtbahn, Regional- oder Schnellzug, und einfach eine Fahrt ins Ungewisse zu wagen. Raus in den Tag, in die Stadt, in dieses Land vor uns. Der Zug würde sich, kurz nachdem wir in den Waggon gesprungen wären, ruckelnd in Bewegung setzen, während wir, uns noch unsicher an den Haltestangen vorhangelnd, nach einem Platz, bevorzugt am Fenster, suchen.

Ungefähr auf Höhe der Schleuse kurz hinter dem Zoologischen Garten würden wir wahrscheinlich zum Sitzen kommen, aus dem Fenster blinzeln und gerade noch einen Blick auf einen der Flügel der Goldelse, dem Engel auf der Siegessäule erhaschen, bevor wir durch den nächsten Bahnhof und kurz darauf am Schloss Bellevue vorbei rattern. Und dann würde es sich um uns herum ausbreiten: Berlin.

Das neue Berlin. Und dicht daneben, dahinter, darunter, das alte. Der Lehrter Stadtbahnhof, der zum Hauptbahnhof befördert und dafür mit dem schönsten Glas, das die gläserne Republik aufbringen konnte, ausgekleidet worden ist. Das mittlerweile nicht mehr ganz so neue Kanzleramt, von dem die Touristenführer, und nur diese, behaupten, es würde von den Berlinern liebevoll Waschmaschine genannt. Die nicht mehr goldene, sondern ebenfalls gläserne Kuppel des Reichstagsbaus und dann die hinteren Wände der Museen auf der nach ihnen benannten Insel. Schließlich die Hinterhöfe der alten und der neuen Mitte. Spätestens jetzt würden wir uns einmal im Waggon umsehen, weil uns an den fensterlosen Rückwänden der Häuser die Spuren der Zeit daran erinnerten, dass wir hier ja nicht nur quer durch eine Stadt, sondern auch quer durch eine Zeit in einer Stadt, ach was sage ich, durch die Zeit eines ganzen Landes, ja sogar mehrere Länder, da draußen führen.

Und vielleicht stellten wir fest, während unten die Spree glitzert und sich die Friedrichstraße über sie beugt, dass fünf Herren mit uns im Waggon säßen. Recht unterschiedliche, aber auf eine gewisse Art miteinander im Austausch stehend. Und möglicherweise würden diese fünf Herren in genau jenem Moment aufstehen, ihre Hüte lüpfen und sich vorstellen, als da wären: Theobald Tiger, Peter Panter, Kaspar Hauser, Ignaz Wrobel und Kurt Tucholsky. Und während wir schüchtern zurück grüßten, begännen sie zu erzählen, alle gleichzeitig: über ihre Stadt, ihr Land und ihre Zeitgenoss:innen, wie sie da draußen suchend herum liefen, über den Alexanderplatz, über die Jannowitzbrücke, durch Lichtenberg und Rheinsberg, durch die Gebirge und an den Seen und an Strandpromenaden entlang. Über ihre Versuche dem ganzen Irrsinn ein klein wenig Freude, ja vielleicht sogar Glück, abzuringen und über die Möglichkeiten des Widerstands innerhalb der engen Zäune der Zeit.

Vielleicht würden wir uns manchmal wundern, wie bekannt uns vieles davon vorkäme, aber die fünf Herren in unserem Waggon würden nur leise lächeln und weiter erzählen, und es wäre schwer zu sagen, ob die Ähnlichkeiten nun schön oder schrecklich sind, wir würden jedoch weiter zuhören und aus dem Fenster schauen.

# Im Käfig

Theobald Tiger

Hinter den dicken Stäben meiner Ideale
lauf ich von einer Wand zur andern Wand.
Da draußen gehen Kindermädchen, Generale,
Frau Lederhändlerswitwe mit dem Herrn Amant ...

Manchmal sieht einer her. Mit leeren Blicken:
Ah so! ein Tiger – ja, das arme Tier ...
Dann sprechen sie von »Tantchen auch was schicken
in Pergamentpapier«.

Ich möcht so gern hinaus. Ich streck und dehn mich –
die habens gut, mit ihrer großen Zeit!
Sie sind gewiss nicht rein, und doch: ich sehn mich
nach der Gemeinsamkeit.

Der Tiger gähnt. Er käm so gern geloffen ...
Doch seines Käfigs Stäbe halten dicht.
Und ließ der Wärter selbst die Türe offen:
Man geht ja nicht.

# Deutsch

Ignatz Wrobel

Wenn heute Einer in Glauchau geboren und in Insterburg gestorben ist, dann rühmen ihm die Nekrologe nach, er sei ein »echt deutscher Mann« gewesen. Was soll er denn sonst gewesen sein? Ein Kalulu-Indianer? Ein Eskimo? Natürlich war er echt deutsch. Aber man trägt das jetzt so.

Die ganze Borniertheit des Nationalismus spricht aus diesem Adjektiv. Es genügt, irgendeinem Krümel das Epitethon »deutsch« anzuhängen, und Kaffeemaschine, Universitätsprofessor und Abführmittel haben ihr Lob weg. Der Ursprungsort, der in den meisten Fällen selbstverständlich ist, wird in eine positive Bewertung umgelogen, und das ganze Land kriegt mit der Zeit den Größenwahn. Man kann keine Zeitschrift mehr aufschlagen, ohne dass einem auf jeder Seite dreimal versichert wird, Dieses sei deutsch, Jener habe deutsch gehandelt, und der Dritte habe nach deutscher Art Konkurs oder sonst was gemacht.

Darin liegt nun nicht nur: Lob des Deutschtums – was noch erträglich und verständlich wäre, sondern der Ausschluss der gesamten übrigen Welt von obgesagten guten

Eigenschaften. Das Kinderlied »Deutschland, Deutschland über Alles« mit seinem Sammelsurium von deutschen Weinen, deutschen Zigarrenkisten und deutschen Fehlfarben hat da viel Unheil angerichtet. »In echt deutscher Treue ...« Gibt es südamerikanische Treue? Malaiische? Hinterborneosche? Vielleicht gibt es sie, aber sie ist nicht so schön, nicht so garantiert regenfest, nicht so »echt-deutsch«. Ford kann für seine Wagen keine marktschreierischere Reklame machen als diese Echt-Deutschen.

Rührend ist an den Kirchturmnationalisten, dass sie alle wähnen, die gesamte Welt sei mit ihnen einig, bewundere, liebe und fürchte sie. Der Lieblingspoet meines Reichspräsidenten (ich weiß nie, ob er auch noch andre deutsche Dichter kennt), der echtdeutsche Hoffmann von Deutsch-Fallersleben hat es ja schriftlich: jene von ihm benannten Substantive »sollen in der Welt behalten ihren alten guten Klang«. »Moi je prends une orangeade – mais une allemande!« sagen die Pariser Chauffeure.

Aber es gibt ein altes Gesetz: je kleiner die Stationen sind, desto lauter werden die Namen ausgerufen. »Lippoldswerder!« brüllen die Schaffner, acht Mal. In Berlin ruft keiner. Es versteht sich von selbst.

# Canzonetta

Theobald Tiger

Bellevue. Fahrt Ihr einmal auf euern Wegen
durch das Gewirr der Häuser in Berlin –
es dampft der Zug durch grauen Großstadtregen,
Ihr seht den Droschkentrott, die Bahnen ziehn –,
fahrt ihr da oben, seht Ihr in die Zimmer
der Hinterhäuser, seht die Wäsche wehn ...
Doch wer da wohnt – da habt Ihr keinen Schimmer ...
Das kann man von der Stadtbahn aus nicht sehn –

Fahrt Ihr da oben, seht Ihr die Paläste,
die goldene Kuppel unsres Reichstagbaus,
den Friedrichstrich ... die Friedrichstraßengäste
und hier und da ein großes Pressehaus.
Da sitzt der Chef und informiert die Leute.
Er kann für Wilhelm, Kapp und Nosken grade stehn
Und welche Überzeugung hat er heute ...?
Das kann man von der Stadtbahn aus nicht sehn –!

Fahrt Ihr da oben, seht Ihr in die Stuben.
Ein Mädchen zieht sich scherzend grad herum
mit einem blonden, langen, frischen Buben –
vorbei! Nun gar nichts mehr. Wie ist das dumm!
Man sieht so gern, wenn andre Leute lieben.
Wie mag das wohl mit jener Kleinen gehn?
War sie noch keusch? War sie noch unbeschrieben?
Das kann man von der Stadtbahn aus nicht sehn –!

Da liegt Berlin. In öligen, bunten Flecken
zieht Mutter Spree, andante wie zumeist.
Wo mag sich Kapp & Lüttwitz wohl verstecken?
Und wo ist nun der neue saubre Geist?
»Wir bauen um«, hörst du den Kanzler sagen.
Was ist denn nur bis jetzt dazu geschehn?
Und wann wird man sich an die Achselstücke wagen …?
Das kann man von der Stadtbahn aus nicht sehn –!

# Gruß nach vorn

Kaspar Hauser

Lieber Leser 1985 –!

Durch irgendeinen Zufall kramst du in der Bibliothek, findest die »Mona Lisa«, stutzt und liest. Guten Tag.

Ich bin sehr befangen: du hast einen Anzug an, dessen Mode von meinem damaligen sehr absticht, auch dein Gehirn trägst du ganz anders ... Ich setze dreimal an: jedes Mal mit einem andern Thema, man muss doch in Berührung kommen ... Jedesmal muss ich es wieder aufgeben – wir verstehen einander gar nicht. Ich bin wohl zu klein; meine Zeit steht mir bis zum Halse, kaum gucke ich mit dem Kopf ein bisschen über den Zeitpegel ... da, ich wusste es: du lächelst mich aus.

Alles an mir erscheint dir altmodisch: meine Art, zu schreiben und meine Grammatik und meine Haltung ... ah, klopf mir nicht auf die Schulter, das habe ich nicht gerne. Vergeblich will ich dir sagen, wie wir es gehabt haben, und wie es gewesen ist ... nichts. Du lächelst, ohnmächtig hallt meine Stimme aus der Vergangenheit, und du weißt alles besser. Soll ich dir erzählen, was die Leute in meinem

Zeitdorf bewegt? Genf? Shaw-Premiere? Thomas Mann? Das Fernsehen? Eine Stahlinsel im Ozean als Halteplatz für die Flugzeuge? Du bläst auf alles, und der Staub fliegt meterhoch, du kannst gar nichts erkennen vor lauter Staub.

Soll ich dir Schmeicheleien sagen? Ich kann es nicht. Selbstverständlich habt ihr die Frage: »Völkerbund oder Paneuropa?« nicht gelöst; Fragen werden ja von der Menschheit nicht gelöst, sondern liegen gelassen. Selbstverständlich habt ihr fürs tägliche Leben dreihundert nichtige Maschinen mehr als wir, und im Übrigen seid ihr genau so dumm, genau so klug, genau so wie wir. Was von uns ist geblieben? Wühle nicht in deinem Gedächtnis nach, in dem, was du in der Schule gelernt hast. Geblieben ist, was zufällig blieb; was so neutral war, dass es hinüberkam; was wirklich groß ist, davon ungefähr die Hälfte, und um die kümmert sich kein Mensch – nur am Sonntagvormittag ein bisschen, im Museum. Es ist so, wie wenn ich heute mit einem Mann aus dem Dreißigjährigen Krieg reden sollte. »Ja? gehts gut? Bei der Belagerung Magdeburgs hat es wohl sehr gezogen …?« und was man so sagt.

Ich kann nicht einmal über die Köpfe meiner Zeitgenossen hinweg ein erhabenes Gespräch mit dir führen, so nach der Melodie: wir beide verstehen uns schon, denn du bist ein Fortgeschrittener, gleich mir. Ach, mein Lieber: auch du bist ein Zeitgenosse. Höchstens, wenn ich »Bismarck« sage und du dich erst erinnern musst, wer das gewesen ist, grinse ich schon heute vor mich hin: du kannst dir gar nicht denken, wie stolz die Leute um mich herum auf dessen Unsterblichkeit sind ... Na, lassen wir das. Außerdem wirst du jetzt frühstücken gehen wollen.

Guten Tag. Dies Papier ist schon ganz gelb geworden, gelb wie die Zähne unsrer Landrichter, da, jetzt zerbröckelt dir das Blatt unter den Fingern ... nun, es ist auch schon so alt. Geh mit Gott, oder wie ihr das Ding dann nennt. Wir haben uns wohl nicht allzu viel mitzuteilen, wir Mittelmäßigen. Wir sind zerlebt, unser Inhalt ist mit uns dahingegangen. Die Form war alles.

Ja, die Hand will ich dir noch geben. Wegen Anstand.

Und jetzt gehst du.

Aber das rufe ich dir noch nach: Besser seid Ihr auch nicht als wir und die vorigen. Aber keine Spur, aber gar keine –

# Das Lächeln der Mona Lisa

Theobald Tiger

Ich kann den Blick nicht von dir wenden.
Denn über deinem Mann vom Dienst
hängst du mit sanft verschränkten Händen
    und grienst.

Du bist berühmt wie jener Turm von Pisa,
dein Lächeln gilt für Ironie.
Ja ... warum lacht die Mona Lisa?
Lacht sie über uns, wegen uns, trotz uns, mit uns, gegen uns –
    oder wie –?

Du lehrst uns still, was zu geschehn hat.
Weil uns dein Bildnis, Lieschen, zeigt:
    Wer viel von dieser Welt gesehn hat –
    der lächelt, legt die Hände auf den Bauch
        und schweigt.

# Was darf die Satire

Ignaz Wrobel

> Frau Vockerat: »Aber man muss doch seine Freude haben können an der Kunst.«
> Johannes: »Man kann viel mehr haben an der Kunst als seine Freude.«
> *Gerhart Hauptmann*

Wenn einer bei uns einen guten politischen Witz macht, dann sitzt halb Deutschland auf dem Sofa und nimmt übel.

Satire scheint eine durchaus negative Sache. Sie sagt: »Nein!« Eine Satire, die zur Zeichnung einer Kriegsanleihe auffordert, ist keine. Die Satire beißt, lacht, pfeift und trommelt die große, bunte Landsknechtstrommel gegen alles, was stockt und träge ist.

Satire ist eine durchaus positive Sache. Nirgends verrät sich der Charakterlose schneller als hier, nirgends zeigt sich fixer, was ein gewissenloser Hanswurst ist, einer, der heute den angreift und morgen den.

Der Satiriker ist ein gekränkter Idealist: er will die Welt gut haben, sie ist schlecht, und nun rennt er gegen das Schlechte an.

Die Satire eines charaktervollen Künstlers, der um des Guten willen kämpft, verdient also nicht diese bürgerliche Nichtachtung und das empörte Fauchen, mit dem hierzulande diese Kunst abgetan wird.

Vor allem macht der Deutsche einen Fehler: er verwechselt das Dargestellte mit dem Darstellenden. Wenn ich die Folgen der Trunksucht aufzeigen will, also dieses Laster bekämpfe, so kann ich das nicht mit frommen Bibelsprüchen, sondern ich werde es am wirksamsten durch die packende Darstellung eines Mannes tun, der hoffnungslos betrunken ist. Ich hebe den Vorhang auf, der schonend über die Fäulnis gebreitet war, und sage: »Seht!« – In Deutschland nennt man dergleichen ›Kraßheit‹. Aber Trunksucht ist ein böses Ding, sie schädigt das Volk, und nur schonungslose Wahrheit kann da helfen. Und so ist das damals mit dem Weberelend gewesen, und mit der Prostitution ist es noch heute so.

Der Einfluss Krähwinkels hat die deutsche Satire in ihren so dürftigen Grenzen gehalten. Große Themen scheiden nahezu völlig aus. Der einzige ›Simplicissimus‹ hat damals, als er noch die große, rote Bulldogge rechtens im Wappen führte, an all die deutschen Heiligtümer zu rühren gewagt: an den prügelnden Unteroffizier, an den stockfleckigen Bürokraten, an den Rohrstockpauker und an das Straßenmädchen, an den fettherzigen Unternehmer und an den näselnden Offizier. Nun kann man gewiss über all diese

Themen denken wie man mag, und es ist jedem unbenommen, einen Angriff für ungerechtfertigt und einen anderen für übertrieben zu halten, aber die Berechtigung eines ehrlichen Mannes, die Zeit zu peitschen, darf nicht mit dicken Worten zunichte gemacht werden.

Übertreibt die Satire? Die Satire muß übertreiben und ist ihrem tiefsten Wesen nach ungerecht. Sie bläst die Wahrheit auf, damit sie deutlicher wird, und sie kann gar nicht anders arbeiten als nach dem Bibelwort: Es leiden die Gerechten mit den Ungerechten.

Aber nun sitzt zutiefst im Deutschen die leidige Angewohnheit, nicht in Individuen, sondern in Ständen, in Korporationen zu denken und aufzutreten, und wehe, wenn du einer dieser zu nahe trittst. Warum sind unsere Witzblätter, unsere Lustspiele, unsere Komödien und unsere Filme so mager? Weil keiner wagt, dem dicken Kraken an den Leib zu gehen, der das ganze Land bedrückt und dahockt: fett, faul und lebenstötend.

Nicht einmal dem Landesfeind gegenüber hat sich die deutsche Satire herausgetraut. Wir sollten gewiss nicht den scheußlichen unter den französischen Kriegskarikaturen nacheifern, aber welche Kraft lag in denen, welch elementare Wut, welcher Wurf und welche Wirkung! Freilich: sie scheuten vor gar nichts zurück. Daneben hingen unsere bescheidenen Rechentafeln über U-Boot-Zahlen, taten niemandem etwas zuleide und wurden von keinem Menschen gelesen.

Wir sollten nicht so kleinlich sein. Wir alle – Volksschullehrer und Kaufleute und Professoren und Redakteure und Musiker und Ärzte und Beamte und Frauen und Volksbeauftragte – wir alle haben Fehler und komische Seiten und kleine und große Schwächen. Und wir müssen nun nicht immer gleich aufbegehren (›Schlächtermeister, wahret eure heiligsten Güter!‹), wenn einer wirklich einmal einen guten Witz über uns reißt. Boshaft kann er sein, aber ehrlich soll er sein. Das ist kein rechter Mann und kein rechter Stand, der nicht einen ordentlichen Puff vertragen kann. Er mag sich mit denselben Mitteln dagegen wehren, er mag widerschlagen – aber er wende nicht verletzt, empört, gekränkt das Haupt. Es wehte bei uns im öffentlichen Leben ein reinerer Wind, wenn nicht alle übel nähmen.

So aber schwillt ständischer Dünkel zum Größenwahn an. Der deutsche Satiriker tanzt zwischen Berufsständen, Klassen, Konfessionen und Lokaleinrichtungen einen ständigen Eiertanz. Das ist gewiss recht graziös, aber auf die Dauer etwas ermüdend. Die echte Satire ist blutreinigend: und wer gesundes Blut hat, der hat auch einen reinen Teint.

Was darf die Satire?

Alles.

# An das Publikum

Theobald Tiger

O hochverehrtes Publikum,
sag mal: bist du wirklich so dumm,
wie uns das an allen Tagen
alle Unternehmer sagen?
Jeder Direktor mit dickem Popo
spricht: »Das Publikum will es so!«
Jeder Filmfritze sagt: »Was soll ich machen?
Das Publikum wünscht diese zuckrigen Sachen!«
Jeder Verleger zuckt die Achseln und spricht:
»Gute Bücher gehn eben nicht!«
    Sag mal, verehrtes Publikum:
    bist du wirklich so dumm?

So dumm, dass in Zeitungen, früh und spät,
immer weniger zu lesen steht?
Aus lauter Furcht, du könntest verletzt sein;
aus lauter Angst, es soll niemand verhetzt sein;
aus lauter Besorgnis, Müller und Cohn
könnten mit Abbestellung drohn?

Aus Bangigkeit, es käme am Ende
einer der zahllosen Reichsverbände
und protestierte und denunzierte
und demonstrierte und prozessierte ...
Sag mal, verehrtes Publikum:
bist du wirklich so dumm?

Ja, dann ...
Es lastet auf dieser Zeit
der Fluch der Mittelmäßigkeit.
Hast du so einen schwachen Magen?
Kannst du keine Wahrheit vertragen?
Bist also nur ein Grießbrei-Fresser –?
Ja, dann ...
Ja, dann verdienst dus nicht besser.

# Die Aussortierten

Peter Panter

Im linken Seitenflügel des Schlosses steht die Bibliothek der Aussortierten. Wenn ein Buch einläuft, das ich nicht lesen mag, dann drücke ich achtzehn Mal auf den Kopf, und dann kommt der Bibliothekar. Es ist ein alter ausrangierter Expressionist; man soll sich der Kollegen annehmen. »Herr Doktor«, sage ich, »das ist für Sie.« – »Dichtwerk! Knall! Nachtigall!« sagt er dann, »gesteilt, geballt, getürmt ...« – »Na ja«, sage ich, »es ist gut – Sie können gehn.« Und er geht, mit seinem Buch.

Was stehen da für Bücher, bei dem gesteilten Doktor –?

Stehen da nur wertlose Schmarren? »Das süße wiener Mädl«? »Der Schloßhauptmann von der Reckenburg«? »Trotzköpfchens Nachgeburt« und dergleichen? Oder nur Fachwerke, deren Fächer mir nicht zugänglich sind? »Die Appendicitis bei den Chinesen«? (also das gibts), »Die Vorsilbe Pi in der deutschen Kindersprache«? »Kaurimuscheln als Zahlungsmittel bei den Primitiven« von Reichskanzler a. D. Cuno ... was in aller Welt steht da?

Neulich habe ich mir den ganzen Schwung einmal angesehn, bevor ich ihn verschenkt habe. Was war das –

Da steht seit jeher: erstens jene Makulatur, die man schon erkennt, wenn man sie anblättert. Es gibt Sätze, die hat ein anständiger Schriftsteller nicht zu schreiben; wer es doch tut, ist keiner, vergessen sei sein Name, nie behalten sei sein Name. Es sind das nicht nur jene parodistischen Fehler, auf die man so oft stößt; es gibt eine Plattheit der Gesinnung, eine Banalität der Erfindung, eine Warenhaushaftigkeit des Wesens, die drücken sich alle drei zuerst im Stil aus. Form ist Wesen. Schließlich muss es eine Grenze nach unten geben ... das also steht da.

Dann stehen dort zweitens Fachwerke, die man mir in der irrtümlichen Annahme zugeschickt hat, ich wisse alles. Ich weiß einiges, und das, was ich weiß, und worüber ich schreibe, das weiß ich nicht unvollständig. Aber Buchkritiker, jene Allerweltskerle, die über jedes Buch schreiben können, das ihnen zufällig in die Finger gerät ... das lieber nicht.

Am größten ist unter den Büchern, die der Doktor in Verwahrung hat, die dritte Gattung, und wenn ich manchmal durch den verschneiten Schlosspark gehe, hinter mir der Silberdiener und die Amme unsres Geschlechts, vor mir ein junger Nationalsozialist, dem habe ich eine Fahne geschenkt und ein Kochgeschirr, und wenn ich ihn frage: »Na, was machen Sie?« – dann sagt er: »Ich dräue« ... da habe ich so nachgedacht: Warum baue ich so viele Bücher auf, um die ich mich nachher nie mehr kümmere? Bücher, an die die Verfasser vielleicht viel Mühe gewandt und auf die sie sicherlich viel Hoffnungen gesetzt haben – warum sortiere ich sie aus? Ist damit über die Bücher etwas ausgesagt?

Nichts ist über ihren Wert damit ausgesagt, nichts.

Sehr viel aber ist ausgesagt, wenn man Kritik als den Zusammenstoß eines Kopfes mit einem Buch ansieht; wenn es dann, nach Lichtenberg, hohl klingt: das muss nicht immer am Buch liegen. Das kann auch am Kopf liegen. Und ich möchte nicht, dass es hohl klingt.

Seit ich mich bemühe, eine bunte und möglichst lehrreiche Buchkritik zu machen, ist mein erstes Bestreben dies gewesen: nicht das Literaturpäpstlein zu spielen. Das kann es nicht geben, und das soll es auch nicht geben. Jeder, der kritisch tätig ist, sollte täglich dreimal dieses Gebet beten: Damit, dass du kritisierst, bist du dem Werk nicht überlegen; dadurch bist du ihm nicht überlegen; dadurch bist du ihm nicht überlegen. Es ist schon schlimm genug, dass es viele und durchaus nicht ungebildete Leser gibt, die dergleichen glauben; jeder schöngeistige Zahnarzt ist ernsthaft der Meinung, er sei dem Künstler über, weil er ihn ablehne, und noch im Lob liegt eine Anerkennung seiner selbst. Das ist eine Täuschung.

Man hat vielmehr einzusehn: Leben ist aussuchen. Und man suche sich das aus, was einem erreichbar und adäquat ist, und an allem andern gehe man vorüber. Ließe man mich auf André Gide, auf Paul Claudel, auf Robert Musil los: das gäbe ein rechtschaffenes Unglück. Ich verstehe sie nicht; sie sagen mir nichts; ich weiß gar nicht, was ihre Schriften zu bedeuten haben. Ich habe mich bemüht: ich weiß es nicht. Ich spüre die geistige Potenz – das genügt aber nicht. Also habe ich zu schweigen, wenn von ihnen die Rede ist, und nicht etwa zu glauben, dadurch, dass ich eine Meinung über sie abgebe, hätte ich sie schon verdaut. Dergleichen darf man wohl nicht sagen, denn das breite Publikum will den Unfehlbaren, den, der sich nie irrt – und das hat denn diesen größenwahnsinnigen Typus von Theaterkritiker erzeugt, einen Gott, der an Wolkenhöhe und an Kostbarkeit der Talmi-Tiara nur noch von einem übertroffen wird: vom Redakteur. In der altdeutschen Ambraser Handschrift des Wolfdieterich findet sich auf Blatt 1104 ein Redakteur erwähnt, Wittich von Orendel, der soll einmal zugegeben haben, dass er sich geirrt hat. Ich halte die Stelle für apokryph.

Viele Kritiker kritisieren mit jenem Herzklopfen, das nur unter Familienangehörigen bekannt ist; Verwandte können einander so prächtig ärgern ... Am tollsten ist das in der Musikkritik. Da geht der Kritiker, eitel-wonniger Aufregung voll, nach dem Konzert an die Zensurenausteilung, und die Sängerin oder die Tenörin entfaltet die Zeitung wie Kinder das Schulzeugnis; es ist beinah ein erotischer Vorgang, der dafür auch einen Dritten nicht viel angeht. Wenn es bei uns damit auch nicht mehr so schlimm bestellt ist wie ehedem, wo die halbe Kraft der Literaten in der Polemik draufging: ich habe als Objekt der Kritik, das ich Gottseidank auch bin, merkwürdige Erfahrungen gemacht. Das sind nicht viele, die einem nach kräftigem Verriss unbefangen in die Augen sehen können – die meisten haben ein böses Gewissen, grüßen nur halb und gehen herum wie die kleinen Hundchen, die in die Stube kritisiert haben und die nun erwarten, dass man sie mit der Nase hineinstößt. Demgegenüber stehen allerdings jene Künstler, die einen tadelnden Kritiker am liebsten erschießen möchten, und gleich – peng-peng – gehen sie auf die Motivenjagd. Frauen haben immer nur eines, jenes; Männer suchen nach Geld, nach Gründen der »Feindschaft« ... nur auf den einen Gedanken kommen sie nicht: dass dem Kritiker das Werk wirklich nicht gefallen haben könnte. Mir klopft das Herz nicht schneller: nicht, wenn sie mich zerreißen, nicht, wenn ich sie zerreiße. Es gibt nur zwei eherne Gesetze für die Kritik: die Wahrheit zu respektieren und, von ganz seltenen Fällen abgesehn, das Privatleben des Kritisierten unberührt zu lassen.

Und weil ich das alles weiß, deshalb sortiere ich munter aus, und da steht nun dieser Kirchhof der Literatur, mit lauter Leuten, die hier den Leichnam spielen müssen, anderswo leben sie vielleicht, wer weiß das?

Es muss aussortiert werden. Es erscheinen in Deutschland täglich ungefähr 10 (zehn) belletristische Werke; die

Fachliteratur steht auf einem andern Blatt der Statistik, Täglich auch nur eines dieser zehn Bücher zu lesen, so zu lesen, wie ein Kritiker zu lesen hat: aufmerksam, die zur Sache gehörige Literatur suchend oder kennend ... das dürfte nicht gut möglich sein. Deshalb muss aussortiert werden.

Wer seine Sache so ernst nimmt – zu ernst? –, der sortiert auch gerne jene aus, die sich mit ihrer Arbeit weniger Mühe geben als der Kritiker mit der Kritik. Die Mehrzahl der Autoren, deren Bücher man mir zusendet, sind ohne Fülle. Ich wittre, wie das hergestellt wird: sie verlassen sich fast immer darauf, dass ihnen bei der einmaligen Niederschrift alles Nötige einfällt. Und das gibt es nicht. Und da jedes Kunstwerk, wenn man von einigen genialen Improvisationen absieht, Mosaik-Arbeit ist, so wirkt das Zeug so leer, so nichtig, so armselig. Dann haben sie noch die Frechheit, ihre kleinen Geschichten Roman zu nennen, die armen Luder. Nichts auf der Sparkasse und dann ›groß ausgehn‹ ... sie sollen bei ihrem Schneider Schulden machen, nicht in der Literatur. Hier wird nicht gepumpt. Die werden aussortiert.

Und ganz bewusst und mit aller Tendenz sortiere ich die Lieblinge der feinen Bürger aus; es ist mir eine kleine Wonne, dem Nachtigallen-Doktor alle diese Bücher zu übergeben, die die Schaufenster vornehmer Universitäts-Buchhandlungen zieren. Boykott gegen Boykott. Sie uns und wir sie. Wer so frech, wer so unduldsam den Radikalen verbannt, wer es der Zeitung, dem verängstigten Sortimenter und den Zeitungshändlern verargt, dass sie etwas auslegen und verbreiten, was nicht genehm ist: der darf sich nicht wundern, wenn er von uns mit derselben Waffe bekämpft wird. Wenn man aus solch einem vornehmen Buch und seinen Fehlern nichts lernen kann oder wenn es nicht so bedeutend ist, dass es zu dem Weltbild gehört, das wir erstreben, dann hinweg mit ihm.

Der gesteilte Doktor hat heute Ausgang – ich will mir noch einmal seinen Laden ansehn.

Es ist ganz still. Das Schloss ist verschneit, die Voralpen liegen weiß im dunstigen Winternebel. Da stehen die Reihen: wieviel Meter mögen das sein? So viel Arbeit; so viel Waschzettel, so viel Verträge, Notizen, Manuskripte; anfeuernde Geliebte, tadelnde Freunde, Vorschüsse, Kritiken, Stolz und Ruhm, Enttäuschung und Neid, Porto und Gefühlswallung ... I can't help it. Leben ist aussuchen.

# Gefühle

Theobald Tiger

Kennen Sie das Gefühl: ›déjà vu‹ –?
Sie gehen zum Beispiel morgens früh,
auf der Reise, in einem fremden Ort
von der kleinen Hotelterrasse fort,
wo die andern alle noch Zeitungen lesen.
Sie sind niemals in dem Dorf gewesen.
Da gackert ein Huhn, da steht eine Leiter,
und Sie fragen – denn Sie wissen nicht weiter –
eine Bauersfrau mit riesiger Schute …
Und plötzlich ist Ihnen so zumute
– wie Erinnerung, die leise entschwebt –:

Das habe ich alles schon mal erlebt.

Kennen Sie das Hotelgefühl –?
Sie sitzen zu Hause. Das Zimmer ist kühl.
Der Tee ist warm. Die Reihen der Bücher
schimmern matt. Das sind Ihre Leinentücher,
Ihre Tassen, Ihre Kronen –

Sie wissen genau, dass Sie hier wohnen.
Da sind Ihre Kinder, Ihre Alte, die gute –
Und plötzlich ist Ihnen so fremd zumute:

Das gehört ja alles gar nicht mir ...
Ich bin nur vorübergehend hier.

Kennen Sie ... das ist schwer zu sagen.
Nicht das Hungergefühl. Nicht den leeren Magen.
Sie haben ja eben erst Frühstück gegessen.
Sie dürfen arbeiten, für die Interessen
des andern, um sich Brot zu kaufen
und wieder ins Büro zu laufen.
Hunger nicht.
Aber ein tiefes Hungern
nach allem, was schön ist: nicht immer so lungern –
auch einmal ausschlafen – reisen können –

sich auch einmal Überflüssiges gönnen.
Nicht immer nur Tag-für-Tag-Arbeiter,
ein bisschen mehr, ein bisschen weiter ...
Sein Auskommen haben, jahraus, jahrein ...?
Es ist alles eine Nummer zu klein.
Hunger nach Farben, nach der Welt, die so weit –
Kurz: das Gefühl der Popligkeit.

Eine alte, ewig böse Geschichte.
Aber darüber macht man keine Gedichte.

# Nur

Kurt Tucholsky

»Es ist ein Irrtum zu glauben«, habe ich neulich bei einem hochfeinen Schriftsteller gelernt, »dass die Arbeiter die Türme erbaut haben; sie haben sie nur gemauert.«

Nur – »nur« ist gut.

Es ist immer wieder bewundernswert, dass nicht viel mehr Türme einstürzen, Eisenbahnbrücken zusammenkrachen, Räder aus den Gleisen springen ... auf wem ruht das alles? Auf einem Zwiefachen.

Auf dem Geist, der es ersonnen hat – und auf der unendlichen Treue, die es ausführte. Der geistige Mitarbeiter hat, manchmal wenigstens, noch mehr als eine innerliche Befriedigung von seinem Werk; er ist an den Überschüssen beteiligt, er kann sich Aktien kaufen, er hat den Ruhm, er macht seinen Namen bekannt ... manchmal. (Obgleich die großen Konzerne es verstanden haben, auch den Ingenieur, den Erfinder, den geistigen Bastler in ein trostloses Angestelltenverhältnis hinabzudrücken – der Arbeiter überschätze ja nicht den weißen Kragen: der täuscht.) Aber was hat der Arbeiter –?

Den unzulänglichen Lohn. Wenig Befriedigung. Im allerbesten Fall das verständnisvolle Lob des Werkmeisters, der seine Leute kennt und der von Schulze IV weiß: »Der Junge ist richtig. Wo ich den hinstelle, da klappts.« Das ist denn aber auch alles.

Umso beachtlicher, mit welcher Lust, mit welcher Treue im kleinen, mit welcher ernsten Fach- und Sachkenntnis dennoch alle diese Arbeiten ausgeführt werden. Es ist natürlich in erster Reihe die Überlegung:

Mache ich das hier nicht gut, fliege ich auf die Straße ... und dann –? Aber daneben ist es doch auch der Stolz des Fachmannes; die Freude an der Sache, trotz alledem, obgleich sich so viele bemühen, sie dem Arbeiter auszutreiben.

Er vergisst mitunter, für wen er da eigentlich arbeitet, denn der Mensch ist schon so, dass ihn die Arbeit gefangen nehmen kann, und er zieht die Schrauben an, als wären es seine eigenen, und als bekäme er es bezahlt. Er bekommt es nicht bezahlt; er bekommt nur seinen Wochenlohn.

Da hängen sie auf den Türmen, da liegen sie auf den Brücken, da lassen sie sich an Stellings herunter und pinseln auf schwanken Gerüsten – ich vergass hinzuzufügen: nur. Sie mauern nur.

Sie sorgen nur dafür, dass sich die geistige Vision des Erbauers auch verwirkliche – was ist denn das schon, nicht wahr, das kann doch jeder ... Ob es auch der feine Schriftsteller kann, der dieses »nur« hingeschrieben hat, das möchte ich bezweifeln. Daher ich der Meinung bin: Der Handarbeiter ist dem Kopfarbeiter gleichzusetzen.

Der eine ist unfähig, einen Turm auf dem Papier zu konstruieren, kennt nicht die heißen Nächte, wo das Werk, noch in den Wolken schwebend, nach Erfüllung ruft; der andere kann nicht jeden Morgen um fünf aufstehen, bei jedem Wetter zur Stelle sein, schwindelfrei arbeiten, seine Körperkraft drangeben ... jeder seins.

»Nur«? – Das Überflüssigste auf der Welt ist ein kleinbürgerlicher Philosoph.

# Der Pfau

Theobald Tiger

Ich bin ein Pfau.
In meinen weißen Schwingen
fängt sich das Schleierlicht der Sonne ein.
Und alle Frauen, die vorübergingen,
liebkosten mit dem Blick den Silberschein.

Ich weiß, dass ich sehr schön bin.
Meine Federn
auf meinem Kopf stell ich oft kapriziös ...
Ich hab das weißeste von allen Pfauenrädern;
ich bin sehr teuer, selten und nervös.

Ich habe leider ziemlich große Krallen,
und wenn ich fliege, sieht es kläglich aus.
Doch, wer mich liebt, dem werde ich gefallen,
und alle Welt steht vor dem Vogelhaus.

Klug bin ich nicht. Klugheit ist nicht bei allen,
viel liegt nicht hinter meiner Vogelstirn.
Ich will gefallen – immer nur gefallen –
Ich bin ein schöner Pfau. Ich brauche kein Gehirn.
Nur singen darf ich nicht. Das ordinäre
Gekrächz ist nicht zu sehen – wie mein Bildnis zeigt.
Ich bin ein Pfau.
Und eine schöne Lehre:
Wer dumm und schön ist, setzt sich. Siegt. Und schweigt.

# Berlin! Berlin!

Ignaz Wrobel

Quanquam ridentem dicere verum
Quid vetat?

Über dieser Stadt ist kein Himmel. Ob überhaupt die Sonne scheint, ist fraglich; man sieht sie jedenfalls nur, wenn sie einen blendet, will man über den Damm gehen. Über das Wetter wird zwar geschimpft, aber es ist kein Wetter in Berlin.

Der Berliner hat keine Zeit. Der Berliner ist meist aus Posen oder Breslau und hat keine Zeit. Er hat immer etwas vor, er telefoniert und verabredet sich, kommt abgehetzt zu einer Verabredung und etwas zu spät – und hat sehr viel zu tun.

In dieser Stadt wird nicht gearbeitet –, hier wird geschuftet. (Auch das Vergnügen ist hier eine Arbeit, zu der man sich vorher in die Hände spuckt, und von dem man etwas haben will.) Der Berliner ist nicht fleißig, er ist immer aufgezogen. Er hat leider ganz vergessen, wozu wir eigentlich auf der Welt sind. Er würde auch noch im Himmel

– vorausgesetzt, dass der Berliner in den Himmel kommt – um viere ›was vorhaben‹.

Manchmal sieht man Berlinerinnen auf ihren Balkons sitzen. Die sind an die steinernen Schachteln geklebt, die sie hier Häuser nennen, und da sitzen die Berlinerinnen und haben Pause. Sie sind gerade zwischen zwei Telefongesprächen oder warten auf eine Verabredung oder haben sich – was selten vorkommt– mit irgendetwas verfrüht – da sitzen sie und warten. Und schießen dann plötzlich, wie der Pfeil von der Sehne – zum Telefon – zur nächsten Verabredung.

Diese Stadt zieht mit gefurchter Stirne – sit venia verbo! – ihren Karren im ewig selben Gleis. Und merkt nicht, dass sie ihn im Kreise herumzieht und nicht vom Fleck kommt.

Der Berliner kann sich nicht unterhalten. Manchmal sieht man zwei Leute miteinander sprechen, aber sie unterhalten sich nicht, sondern sie sprechen nur ihre Monologe gegeneinander. Die Berliner können auch nicht zuhören. Sie warten nur ganz gespannt, bis der andere aufgehört hat, zu reden, und dann haken sie ein. Auf diese Weise werden viele Berliner Konversationen geführt.

Die Berlinerin ist sachlich und klar. Auch in der Liebe. Geheimnisse hat sie nicht. Sie ist ein braves, liebes Mädel, das der galante Ortsliederdichter gern und viel feiert.

Der Berliner hat vom Leben nicht viel, es sei denn, er verdiente Geld. Geselligkeit pflegt er nicht, weil das zu viel

Umstände macht – er kommt mit seinen Bekannten zusammen, beklatscht sich ein bisschen und wird um zehn Uhr schläfrig.

Der Berliner ist ein Sklave seines Apparats. Er ist Fahrgast, Theaterbesucher, Gast in den Restaurants und Angestellter. Mensch weniger. Der Apparat zupft und zerrt an seinen Nervenenden, und er gibt hemmungslos nach. Er tut alles, was die Stadt von ihm verlangt – nur leben ... das leider nicht.

Der Berliner schnurrt seinen Tag herunter, und wenns fertig ist, dann ists Mühe und Arbeit gewesen. Weiter nichts. Man kann siebzig Jahre in dieser Stadt leben, ohne den geringsten Vorteil für seine unsterbliche Seele.

Früher war Berlin einmal ein gut funktionierender Apparat. Eine ausgezeichnet angefertigte Wachspuppe, die selbsttätig Arme und Beine bewegte, wenn man zehn Pfennig oben hineinwarf. Heute kann man viele Zehnpfennigstücke hineinwerfen, die Puppe bewegt sich kaum – der Apparat ist eingerostet und arbeitet nur noch träge und langsam.

Denn gar häufig wird in Berlin gestreikt. Warum –? So genau weiß man das nicht. Manche Leute sind dagegen, und manche Leute sind dafür. Warum –? So genau weiß man das nicht.

Die Berliner sind einander spinnefremd. Wenn sie sich nicht irgendwo vorgestellt sind, knurren sie sich in der

Straße und in den Bahnen an, denn sie haben miteinander nicht viel Gemeinsames. Sie wollen voneinander nichts wissen, und jeder lebt ganz für sich.

Berlin vereint die Nachteile einer amerikanischen Großstadt mit denen einer deutschen Provinzstadt. Seine Vorzüge stehen im Baedeker.

In der Sommerfrische sieht der Berliner jedes Jahr, dass man auch auf der Erde leben kann. Er versuchts vier Wochen, es gelingt ihm nicht – denn er hat es nicht gelernt und weiß nicht, was das ist: leben – und wenn er dann wieder glücklich auf dem Anhalter Bahnhof landet, blinzelt er seiner Straßenbahnlinie zu und freut sich, dass er wieder in Berlin ist. Das Leben hat er vergessen.

Die Tage klappern, der Trott des täglichen Getues rollt sich ab – und wenn wir nun hundert Jahre dabei würden, wir in Berlin, was dann –? Hätten wir irgendetwas geschafft? Gewirkt? Etwas für unser Leben, für unser eigentliches, inneres, wahres Leben, gehabt? Wären wir gewachsen, hätten wir uns aufgeschlossen, geblüht, hätten wir gelebt –?

Berlin! Berlin!

Als der Redakteur bis hierher gelesen hatte, runzelte er leicht die Stirn, lächelte freundlich und sagte wohlwollend zu dem vor ihm stehenden jungen Mann: »Na, na, na! Ganz so schlimm ist es denn aber doch nicht! Sie vergessen, dass auch Berlin doch immerhin seine Verdienste und Errungenschaften hat! Sachte, sachte! Sie sind noch jung, junger Mann!«

Und weil der junge Mann ein wirklich höflicher junger Mann war, wegen seiner bescheidenen Artigkeit allgemein beliebt und hochgeachtet, im Besitze etwas eigenartiger Tanzstundenmanieren, die er im vertrauten Kreise für gute Formen ausgab, nahm er den Hut ab (den er im Zimmer aufbehalten hatte), blickte gerührt gegen die Decke und sagte fromm und fest: »Gott segne diese Stadt!«

# Diese Häuser

Kaspar Hauser

Diese Häuser werden länger leben als du.
Du hast geglaubt, für dich seien sie gebaut.
Aber sie waren vorher da.
Du hast geglaubt: du wirst sie überleben.
Sie werden aber noch nach dir da sein.
Diese Häuser werden länger leben als du.

Wenn du durch die Stadt trollst
mit einem Papierpacken, den du gekauft hast, du Tropf –
weil das dein Leben ist:
acht Stunden herumzupetern,
um eine zu genießen,
und die verregnet …
wenn du durch die Stadt trottest,
dann sehn sie dich an,
die Herren Häuser,
und grinsen mit breiten Türmäulern.
Sie werden länger leben als du.

Wenn du von jener Dame kommst,
bei der du arbeiten lässt,
(oder sie bei dir – so genau ist das nicht zu unterscheiden),
dann stehn diese Dinger herum,
die Häuser;
unzählige Male hast du deine Liebe an sie geklebt,
sie geben sie schwach wieder.
Sie sind kalt.
Da stehn die Häuser,
und lassen in sich hausen,
und stehn wie die Mauern
– natürlich wie die Mauern –
und werden länger leben als du.

Wenn du zum Arzt gehst,
ob ... ob nicht ... vielleicht ...
die Angst im Wartezimmer,
bevor du herankommst!
Nie wieder! schwörst du dir leise –

es ist dein dreiundachtzigster Schwur in dieser Beziehung ...
wenn du zum Arzt läufst,
für nichts empfänglich, mit einer einzigen fixen Idee im Kopf:
dann häusern sie da um dich herum
und
– da kannst du machen, was du willst –
sie werden länger leben als du.

Und noch,
wenn sie dich zu Grabe blasen,
nein, heute blasen sie ja nicht mehr ...
wenn sie dich in einem schwarz angestrichenen Wagen nach
draußen fahren,
im Auto,
natürlich!
weil du es doch so eilig hast!
Denke: du könntest etwas versäumen!
Wenn sie dich einpflanzen
oder verbrennen,

so du 4 Mark 85 Mitgliedsbeitrag gezahlt hast
und ein Königlich Preußischer Freidenker bist –
wenn sie dich dahin expedieren,
wohin du, Sache Gewordener, dann gehörst,
weil du nun den andern tragisch-lästig fällst –:
dann stehn da die Häuser,
die deine Dummheiten seit deiner Geburt mit angesehen
haben,
und sind länger Häuser, als du Mensch gewesen bist,

und werden länger leben
als du.

# Haus im Neubau

## Kaspar Hauser

Schräg von unten kann man in die leeren Etagenräume hineinsehen, zwei sind schon geweißt, einer ist im Rohbau fertig, aber unverputzt, der Dachstuhl ragt noch unfertig in die Luft. Die schiefe Perspektive zeigt die dünne Dicke der Wände und den Fußboden. Ein bisschen Beton, die Schicht einer weißlichen Masse, die die Balken umkleidet: das ist alles. Vielleicht vier Finger dick.

Die vier Finger breit trennen die Individualitäten. Das ist schon lange her, früher einmal: da hatte jeder Bürger, der etwas darstellte, ein Haus – der Bauer hatte seins, die Kinder blieben darin, zogen ihre eignen Kinder auf, wo sie selbst gespielt hatten, jede Ecke sagte: Vaterhaus. Das Leben setzte Aura an die Mauern an, die Wände dünsteten die Familienatmosphäre aus, eine ganz bestimmte Luft durchzog das Haus vom Boden bis zum Keller. Unten war die gewichtige Tür. »Er kommt mir nicht über meine Schwelle!« sagte der Vater. Das war ein Wort. Denn der Vater hatte ein Haus, und das Haus hatte eine Schwelle.

Heute wird so ein Ziegel- und Betonkasten rasch errichtet. Es dauert nicht lange, und hopp-hopp-hopp wächst der Würfel aus dem Boden. Die Maurer klatschen rasch und schematisch ihren Mörtel auf die Ziegel, mauern, ein Kran schleppt die Ziegel nach oben, manchmal hängt ein kümmerlicher Kranz auf dem fertiggestellten First – sinnlose Allegorie einer alten Erinnerung: das Richtfest. Jetzt hängt er da, wo die letzten Hypotheken wackeln.

Die Menschen wohnen in Schubladen. Vier Finger breit trennt Lebewesen Schulze von Lebewesen Müller – ein Querschnitt durch das Haus müsste die sonderbarsten Konstatierungen geben, was da alles zu gleicher Zeit geschieht ... Auf den Zeichnungen von George Grosz ist dergleichen zu sehen, und Max Herrmann-Neiße hat einmal ein kleines Gedicht verfertigt, in dem so ein Querschnitt gezogen ist. Sie hören sich gegenseitig ... sie stören sich gegenseitig. Ein Menschenschrank.

Aber es ist merkwürdig: obgleich nichts mehr von der alten Zeit übriggeblieben ist als der vertrocknete Kranz auf dem Giebel – die Leute gebrauchen immer noch dieselben Worte wie damals. »Er kommt mir nicht über meine Schwelle!« sagt der Vater. »Mein Haus steht Ihnen immer offen!« sagt die Großmama. Mein Haus ... meine Schwelle ... Ach, du lieber Gott!

# Wenn eena jeborn wird

Theobald Tiger

Allemal für Paulchen

Nu liechste da, du kleene Kröte!
Siehst aus wie ne jebadte Maus.
Na laß man, do – der olle Joethe,
der sah als Kind nich scheena aus.
  Und hier – ick bring da ooch wat mit!
    Tittittittittitt –!

Die Neese haste ja von Vatan.
Det Mäulchen, wo de dir drin wühlst,
da sachste denn den Jrang im Schkat an.
Wolln hoffen, dette bessa spielst
  als wie der Olle, dein Papa!
    Allallallalla –!

Un seh mah! Hast ja richtich Haare!
Die hat dir Mutta mitjejehm.
Du, Mensch, det is ne wunderbare
un liebe Frau – nur etwas unbequem.
    Dein Olla, der macht vor ihr Kusch ...
        Puschpuschpuschpuschpusch –!

Sieht man dir durch de Neese schnauhm
un wie du mit die Beenchen tanzt –:
denn sollte man det jahnich jlauhm,
wie jemeine du mal wern kannst.
        Wa –?

Ach, Menschenskind, ick wer da sahrn:
Schlach du nach Vatan! Hör ma an!
Du kannst ja ooch nach andre schlahrn ...
Na, wirste denn als junga Mann jenau
    so doof wie Onkel Fritz?
        Zizzizzizzizzizz –?

Da liechste nu in deine Wieje
un fängst noch mah von vorne an.
Na, Mensch, ob ick mah Kinda krieje?
Man jloobt ja imma wieda dran.
  Du machst dir nu die Windeln voll
  und weeßt nich, wat det heißen soll,
  wenn eena dir mit Puda fecht,
  dir abwischt un dir trocken lecht ...
    Denn loofste rum,
    klug oda dumm ...
  Un machst den janzen Lebensskandal
  alles nochmal, alles nochmal –!

# Weltbild, nach intensiver Zeitungslektüre

Kaspar Hauser

Seit Mussolini fahren die Züge in Italien pünktlich ab, in Russland gibt es keine seidnen Strümpfe, und das kommt alles von der Prohibition. Kein Wunder, sehn Sie mal allein die englischen Manieren – das sind ehmt Gentlemen, na ja, und dann die Tradition! Das ist ganz was andres, das ist wie die Luft in Paris oder die Mehlspeisen in Stockholm, das macht den Ungarn eben keiner nach! Haben Sie gelesen: Hoesch war bei Briand? Ja. Ich weiß nicht, was er da gemacht hat – aber es ist ungemein beruhigend, das zu lesen. In Südamerika heizen sie mit Mais, riesige Viehbestände haben die, und unsre juristische Karriere ist auch überfüllt. Was mit dem König von Spanien bloß ist! Soll er doch schon gehn; 'n König heutzutage, das ist doch nichts! Und wo er sich überhaupt immer auf die Unterlippe tritt! Einen richtigen Diktator müsste man dem Mann mal hinschicken; die Hauptrolle spielt Fritz Kortner. Der Zündholz-Kreuger hat einen ewigen Trust erfunden, Brecht will für die »Dreigroschenoper« Arbeitslosenunterstützung haben, er hat gesagt, das war doch keine Arbeit, Stalin von den eignen Parteigenossen was, weiß ich nicht, aber so kann es keinesfalls weitergehn! Das dürfen die Leute ja gar nicht! Die Butter ist nu auch wieder teurer geworden, seit die türkischen Frauen alles haben fallen lassen, bin ich doch dafür, dass Cilly Außem in die Dichterakademie, Sie, Tennis-Borussia liegt in Front, da kann der Big Tilden nichts machen, und der kann doch gewiss Tennis, im Westen ist ein isländisches Tief mit schwachen südöstlichen Winden, Kortner spielt die Hauptrolle, und meine Meinung ist meines Erachtens die: nur ein Gremium kann uns helfen! Ein Gremium oder Radium, eins von den dreien, und Kortner spielt die Hauptrolle. Ist eigentlich der Joseph Goebbels mit der Josephine Baker verwandt? Die Polizei greift scharf durch, es wird ja in der letzten Zeit wieder kolossal durchgegriffen, da haben sie bei den Nazis eine Haussuchung gemacht, das Haus haben sie gefunden, aber sonst haben sie leider nichts gefunden, Großkampftag im Parlament von Jugoslawien, der König übernimmt die Verantwortung, das wird nicht gehn, die hat doch Brüning schon übernommen, so übernimmt sie immer einer vom andern, und wer sitzt nachher in der, Tschechei stellt die Lieferung von Journalisten an Deutschland ein, was werden wir denn nun machen, o Gott, o Gott, da bleiben uns dann eben nur noch die Wiener, ja, das goldene Wiener Herz am Rhein, davon leben wieder die aus Czernowitz, so eng ist die Weltwirtschaft miteinander verknüpft, und Kortner spielt die Hauptrolle. Dass Briand bei Hoesch ... das hab ich schon erzählt. Gib noch mal das Hauptblatt her, wo war denn das ... Ritueller Tenor unterrichtet, nein, das wars nicht, Geselligkeit, seelenvolle Vierzigerin sucht Balkonzimmer mit gleichdenkendem Witwer spätere Badebenutzung nicht ausgeschlossen, man kann aber wirklich keine Zeitung mehr aufmachen, ohne dass man einen Chinesen sieht, dem sie den Kopf, das ist ja an den Haaren herbeigezogen, Stefan Zweig schreibt, dieses Buch ist voll verhaltener menschlicher Genialität und seit dem Reichskursbuch vielleicht das innerlichste, dass von den Nacktfotografien von Lieschen Neumann gar keine veröffentlicht werden! Dividende bei Mittelstahl, der Papst über die Ehe, Al Capone über die Prohibition, Hitler stellt eine Garde rassegereinigter SA-Leute auf, Kortner spielt die Hauptrolle, abgebauter Kardinal sucht Kinderwagen zu verkaufen, Reichstag, werde hart, ach Gottchen, Unterhaltungsbeiblatt, wie ich zu meinen Kindern kam, technische Beilage, die Dampfkesselwarmwasserrohrentzündung, die Herzogin von Woster in einem pikanten rotbraunen, Familiennachrichten, das ist doch die, wo der Mann die geschiedene, Kurszettel und andre Konkurse, verantwortlich für den Gesamtinhalt:

Wir leben in einer merkwürdigen Zeitung –!

# Nationale Verteidigung

Theobald Tiger

Das passt euch so. Ihr grölt und brüllt
von Friedensdemokraten;
in dicken Phrasenrauch gehüllt
ruft ihr nach mehr Soldaten.
    Obristenfrauen schrein und krähn
    mit euch: »Marsch-Marsch! nach Flandern!«
    Es sollen dorthin sterben gehn
        die andern, die andern!

Die Todespein der andern schwand
in Urlaubstag und -nächten.
Ihr liebt nicht euer Vaterland!
Ihr hängt an Vorzugsrechten!
    Das hamstert, schickt und schwatzt so nett
    bei braungebratenen Zandern.
    Die zwanzig Gramm vom Pflanzenfett
        den andern, den andern!

Die Zeit ist aus. Die andern stehn
und recken ihre Glieder.
So lang geduckt, und nunmehr sehn
sie sich als Menschen wieder.
Der Friede kommt. Und ist er hier,
dann kommt das Heimwärtswandern.
Die Zeit ist aus. Jetzt kommen wir:
Die andern! Die andern!

# Der soziologische Horizont

Peter Panter

Vor achthundert Jahren, als noch rechts der Elbe Kaschuben, Wenden und die Vorfahren jener Männer saßen, die heute das Wort ›Rassereinheit‹ im Munde rollen, vor achthundert Jahren wusste der märkische Bauer nichts von den Ureinwohnern Australiens. Hätte man einem von ihnen die Abenteuer Nanuks oder die kaiserlichen Gebräuche in Peking berichtet – wahrscheinlich wäre man aus dem Dorf herausgeprügelt worden. Heute haben wir den Aufkläricht, heute wissen alle Leute alles. Oder sie bilden es sich doch wenigstens ein.

Denn sie sind ›herumgekommen in der Welt‹ – so sagen sie. Und damit meinen sie die lokale Verschiebung auf Reisen, sie haben den geographischen Schauplatz gewechselt, sie sind gereist, gewandert, gefahren, haben Touren unternommen ... Aber sie haben doch die ökonomische Schicht so selten verlassen, jene Umwelt, der sie fast unabänderlich angehören, und aus der man fast niemals heraufsteigen kann und nur schwer und künstlich herunter ... Wie groß ist der soziale Horizont eines Menschen –? Er ist doch wohl viel kleiner als man glaubt.

Die große Menge der Urteile beruht auf Überlieferung, auf angelesenen Urteilen, auf fertiggenähten Schilderungen, die einer dem andern konfektioniert überreicht. Der kleinste Teil ist empirisch erworben. Und auch da gehts sonderbar zu.

Natürlich ist ein Kollektivurteil ohne Verallgemeinerung von Einzelerfahrungen gar nicht denkbar. Es ist nicht möglich, alle Islandfischer zu frequentieren, oder auch nur die Mehrzahl aller sächsischen Fabrikarbeiter – wenn man über diese Klasse ein gültiges Urteil abgeben will. Man wird sich immer auf mehr oder minder zahlreiche Einzelfälle beschränken müssen und nach ihnen, zusammenfassend, urteilen. Das geschieht oft drollig genug.

So, wie Tony Buddenbrook durch ihr ganzes Leben die kleinen verliebten Kollegs über Politik des jungen Herrn Schwarzkopf mit sich führt, so tragen die meisten Menschen – ausgenommen du und ich und der Redakteur und der Setzer, natürlich – gewisse Erfahrungen aus der Jugendzeit als unabänderliche und fest fundierte empirische Tatsachen mit sich herum. Auf nichts ist der Mensch so stolz wie auf das, was er selbst gelernt hat – und wenn es auch blanker Unsinn war, er hats doch einmal begriffen, und da ist dann nichts mehr zu machen. »Sie werden mir das doch nicht erzählen! Ich habe doch selbst ...« Renn mit dem Kopf gegen eine Wand aus Stahl – aber den da gib auf.

Sehen wir von den Menschen ab, deren Beruf es mit sich bringt, dass an ihnen zahlreiche Schichten, Klassen, Menschenschicksale vorüberziehen (etwa die Richter, wobei zu bemerken wäre, dass gerade solche am ehesten abstumpfen und zum Schluss nicht mehr sehen) –: so sind es Raritäten, die wirklich mit allen Wassern gewaschen, mit allen Hunden gehetzt, in allen Sätteln gerecht sind. Das ist selten, selten wie die blaue Mauritius. Der Rest ...

Der Rest hat einen fix und fertigen Vorrat von Begriffen im Kopf, zu denen nicht einmal immer das ökonomische Interesse treten muss, um sie zu färben. Dass ein Glasfabrikant keine Gesellschaftsordnung bejahen wird, in der das Glas für eine gotteslästerliche Sünde erklärt wird, ist glasklar – dass die Schauspieler keine begeisterten Antialkoholiker sind, auch. Aber selbst in Dingen, die jeden persönlichen Interesses entbehren, begnügt sich wohl die Mehrzahl aller Menschen mit Gehörtem, Gelesenem oder mit ein paar Einzelerlebnissen, die dann als Richtschnur für ein ganzes Leben gelten.

»Die Einwohner dieser Stadt haben rote Haare und stottern ...« Ach, wie viele solcher Schilderer gibt es. Und wenn man jemand – durch ein Zaubermittel – veranlassen könnte, die volle Wahrheit, sogar vor sich selbst, zu sagen und nicht einmal mehr sich selber zu belügen: was müsste er da als Fundus, als Beweisgrund, als Ursache seiner Werturteile über Klassen, Kasten, Gesellschaftsschichten angeben! Welche Nichtigkeiten kämen da zu Tage! Wer hat wochenlang mit Gutsbesitzern verschiedener Artung und verschiedener Provinzen zusammengelebt, um über sie zu urteilen? Wer kennt die Leiden und Freuden eines Kellners wirklich? Wer weiß, wie es in Spielklubs und zugleich in Nähstuben der Heimarbeiterinnen und zugleich im Gefängnis und zugleich in Botschaften zugeht?

Dichter, sag nicht: der Dichter.

Das langt heute nicht mehr. Balzac war ein Genie – es dürfte kein Zufall sein, dass es heute keinen solchen gibt. Bestenfalls unterrichten sie uns vorzüglich über eine Klasse, etwa über die ihre oder manchmal über eine, die sie besonders hassen – aber über mehrere? Und authentisch? Ihr wisst ja, wie die Bankbeamten, Zahnärzte, Buchbinder, Arbeitsleute, Finanzgrößen in der modernen Literatur aussehen ... Schießbudenfiguren.

Es scheint so etwas wie einen soziologischen Flair zu geben, eine untrügliche Ahnung, dass das, was man soeben gesehen hat, nichts Typisches war, sondern etwas Einmaliges, Exzeptionelles, Besonderes ... Einen Flair, der von fern her wittert, dass dies der normale Berliner Gepäckträger war, dass alle etwas von ihm haben müssen, dass dieser kein Original, sondern ein Fabrikat darstellte ... Die meisten Beobachter hauen hierbei daneben.

Wie schief und krumm sind die meisten soziologischen Urteile! Wie vorschnell! Oder wie urgründlich, aber ohne jeden Instinkt! Es muss wohl eine besondere Veranlagung sein.

Den Tanganjika-See erforschen, das kann jeder. Aber die Gemütsart von mitteldeutschen Fabrikbesitzern grundlegend schildern, die Denkweise von ausgesperrten Arbeitern aus dem Rheinland, die Gefühle von jungen Studenten in Königsberg, lokale und gesellschaftliche Besonderheiten auch durch die Mechanisierung hindurch zu sehen – das können wenige, fast begnadete Forscher.

Der soziologische Horizont der meisten Menschen ist klein wie der Boden einer Konservenbüchse. Sie wähnen sich im Himmel. Eine neue Gesellschaftsliteratur sollte sie aus diesen schönen Träumereien reißen und ihnen die Erde zeigen, wie sie ist. Bunt, eintönig, abwechslungsreich, bis zur tödlichsten Langeweile individuell, von uralter Frische. Aber die Herren Schriftsteller haben keine Zeit. Sie lösen Probleme, sie bekümmern sich um die außerordentlich wichtigen Modalitäten einer Fortpflanzung, sie bauen eine Nebenwelt auf. Freilich: um einer Zeit den Spiegel vorzuhalten, muss man ein guter Glasmacher sein.

# Zuckerbrot und Peitsche

Theobald Tiger

Nun senkt sich auf die Fluren nieder
der süße Kitsch mit Zucker-Ei.
Nun kommen alle, alle wieder:
das Schubert-Lied, die Holz-Schalmei …
Das Bürgertum erliegt der Wucht:
Flucht, Flucht, Flucht.

Sie wollen sich mit Kunst betäuben,
sie wollen nur noch Märchen sehn;
sie wollen ihre Welt zerstäuben
und neben der Epoche gehn.
Aus Not und militärscher Zucht:
Flucht, Flucht, Flucht.

So dichtet, Dichter: vom Atlantik,
von Rittern und von Liebesnacht!
Her, blaue Blume der Romantik!
»Er löste ihr die Brünne sacht ...«
Das ist Neudeutschlands grüne Frucht:
Flucht, Flucht, Flucht.

Wie ihr euch durch Musik entblößtet!
In eurer Kunst ist keine Faust.
So habt ihr euch noch stets getröstet,
wenn über euch die Peitsche saust.
Ihr wollt zu höhern Harmonien
fliehn, fliehn, fliehn.

Es hilft euch nichts. Geht ihr zu Grunde:
man braucht euch nicht. Kein Platz bleibt leer.
Ihr winselt wie die feigen Hunde –
schiebt ab! Euch gibt es gar nicht mehr!
Wir andern aber wirken weit
in die Zeit!
In die Zeit!
In die Zeit!

# Es gibt keinen Neuschnee

Kaspar Hauser

Wenn du aufwärts gehst und dich hochaufatmend umsiehst, was du doch für ein Kerl bist, der solche Höhen erklimmen kann, du, ganz allein –: dann entdeckst du immer Spuren im Schnee. Es ist schon einer vor dir dagewesen.

Glaube an Gott. Verzweifle an ihm. Verwirf alle Philosophie. Lass dir vom Arzt einen Magenkrebs ansagen und wisse: es sind nur noch vier Jahre, und dann ist es aus. Glaub an eine Frau. Verzweifle an ihr. Führe ein Leben mit zwei Frauen. Stürze dich in die Welt. Zieh dich von ihr zurück …

Und alle diese Lebensgefühle hat schon einer vor dir gehabt; so hat schon einer geglaubt, gezweifelt, gelacht, geweint und sich nachdenklich in der Nase gebohrt, genau so. Es ist immer schon einer dagewesen.

Das ändert nichts, ich weiß. Du erlebst es ja zum ersten Mal. Für dich ist es Neuschnee, der da liegt. Es ist aber keiner, und diese Entdeckung ist zuerst sehr schmerzlich. In Polen lebte einmal ein armer Jude, der hatte kein Geld, zu studieren, aber die Mathematik brannte ihm im Gehirn. Er las, was er bekommen konnte, die paar spärlichen Bücher, und er studierte und dachte, dachte für sich weiter. Und erfand eines Tages etwas, er entdeckte es, ein ganz neues System, und er fühlte: ich habe etwas gefunden. Und als er seine kleine Stadt verließ und in die Welt hinauskam, da sah er neue Bücher, und das, was er für sich entdeckt hatte, das gab es bereits: es war die Differentialrechnung. Und da starb er. Die Leute sagen: an der Schwindsucht. Aber er ist nicht an der Schwindsucht gestorben.

Am merkwürdigsten ist das in der Einsamkeit. Dass die Leute im Getümmel ihre Standard-Erlebnisse haben, das willst du ja gern glauben. Aber wenn man so allein ist wie du, wenn man so meditiert, so den Tod einkalkuliert, sich so zurückzieht und so versucht, nach vorn zu sehen –: dann, sollte man meinen, wäre man auf Höhen, die noch keines Menschen Fuß je betreten hat. Und immer sind da Spuren, und immer ist einer dagewesen, und immer ist einer noch höher geklettert als du es je gekonnt hast, noch viel höher.

Das darf dich nicht entmutigen. Klettere, steige, steige. Aber es gibt keine Spitze. Und es gibt keinen Neuschnee.

# Die blonde Dame singt

Kaspar Hauser

Für Gussy Holl

Ich habe mir mein Deutschland angesehen
in seiner großen, in der kleinen Zeit.
Ich sah den Kaiser in die Oper gehen;
der Hermelin war diesem Mann zu weit.
Und dann die Schranzen! und die Generäle!
Grau an Humor, am Rock indianerbunt …
Und leicht enttäuscht fragt meine liebe Seele:
»Na und …?«

Das wühlt und wimmelt in den großen Städten.
Der Proletarier schuftet wie ein Tier.
Der deutsche Bürger lässt sich ruhig treten,
er macht Geschäfte und schluckt biedres Bier.
Und Kunst und immer diese selben Jungen,
nur Not und Kummer hält die Brut gesund.
Erfolg? Dann haben sie bald ausgesungen.
Ich frage mich, wenn all der Lärm verklungen:
»Na und …?«

Dann gab es Krieg und hohe Butterpreise.
Es deliriert das Land. Revolution!
Dem ganzen deutschen Bürgerstand geht leise
der Stuhl mit Grundeis, nun, man kennt das schon.
Es rufen hier und da Idealisten,
man gründet Räte, Gruppen, einen Bund ...
Ich sehe Bolschewiki, Spartakisten –
Na und ...?

Und steh ich einstmals vor dem Weltenrichter,
(der liebe Gott ist schließlich auch ein Mann),
streckt er sein Flammenschwert steil hoch und spricht er:
»Dich böses Mädchen seh ich nicht mehr an!
Hinweg, du sollst ins Fegefeuer pultern!
Werft sie mir in den tiefsten Höllenschlund!«
Dann sag ich leis und hebe müd die Schultern:
»Na und ...?«

# Befürchtung

Kaspar Hauser

Werde ich sterben können –? Manchmal fürchte ich, ich werde es nicht können.

Da denke ich so: wie wirst du dich dabei aufführen? Ah, nicht die Haltung – nicht das an der Mauer, der Ruf »Es lebe …« nun irgendetwas, während man selber stirbt; nicht die Minute vor dem Gasangriff, die Hosen voller Mut und das heldenhaft verzerrte Angesicht dem Feinde zugewandt … nicht so. Nein, einfach der sinnlose Vorgang im Bett. Müdigkeit, Schmerzen und nun eben das. Wirst du es können?

Zum Beispiel, ich habe jahrelang nicht richtig niesen können. Ich habe geniest wie ein kleiner Hund, der den Schluckauf hat. Und, verzeihen Sie, bis zu meinem achtundzwanzigsten Jahre konnte ich nicht aufstoßen – da lernte ich Karlchen kennen, einen alten Korpsstudenten, und der hat es mir beigebracht. Wer aber wird mir das mit dem Sterben beibringen?

Ja, ich habe es gesehn. Ich habe eine Hinrichtung gesehn, und ich habe Kranke sterben sehn – es schien, dass sie sich sehr damit plagten, es zu tun. Wie aber, wenn ich mich nun dabei so dumm anstelle, dass es nichts wird? Es wäre doch immerhin denkbar.

»Keine Sorge, guter Mann. Es wird sich auf Sie herabsenken, das Schwere – Sie haben eine falsche Vorstellung vom Tode. Es wird …« Spricht da jemand aus Erfahrung? Dies ist die wahrste aller Demokratien, die Demokratie des Todes. Daher die ungeheure Überlegenheit der Priester, die so tun, als seien sie alle schon hundertmal gestorben, als hätten sie ihre Nachrichten von drüben – und nun spielen sie unter den Lebenden Botschafter des Todes.

Vielleicht wird es nicht so schwer sein. Ein Arzt wird mir helfen, zu sterben. Und wenn ich nicht gar zu große Schmerzen habe, werde ich verlegen und bescheiden lächeln: »Bitte, entschuldigen Sie … es ist das erste Mal …«

# ’s ist Krieg!

Kaspar Hauser

Während des Krieges verboten gewesen

Die fetten Hände behaglich verschränkt
vorn über der bauchigen Weste,
steht einer am Lager und lächelt und denkt:
»’s ist Krieg! Das ist doch das beste!
Das Leder geräumt, und der Friede ist weit.
Jetzt mach in anderen Chosen –
  Noch ist die blühende, goldene Zeit!
  Noch sind die Tage der Rosen!«

Franz von der Vaterlandspartei
klatscht Bravo zu donnernden Reden.
Ein ganzer Held – stets ist er dabei,
wenn sich Sprecher im Saale befehden.
Die Bezüge vom Staat, die Nahrung all right –
lass Stürme donnern und tosen –
  Noch ist die blühende, goldene Zeit!
  Noch sind die Tage der Rosen!

Tage der Rosen! Regierte sich je
so leicht und bequem wie heute?
Wir haben das Prae und das Portepee
und beherrschen geduckte Leute.
Wir denken an Frieden voll Ängstlichkeit
mit leider gefüllten Hosen –
Noch …
Noch ist die goldene, die blühende Zeit!
Noch sind die Tage der Rosen!

# Zur soziologischen Psychologie der Löcher

Kaspar Hauser

> Dass die wichtigsten Dinge durch Röhren gethan werden. Beweise: erstlich die Zeugungsglieder, die Schreibfeder und unser Schießgewehr.
> *Lichtenberg*

Ein Loch ist da, wo etwas nicht ist.

Das Loch ist ein ewiger Kompagnon des Nicht-Lochs: Loch allein kommt nicht vor, so leid es mir tut. Wäre überall etwas, dann gäbe es kein Loch, aber auch keine Philosophie und erst recht keine Religion, als welche aus dem Loch kommt. Die Maus könnte nicht leben ohne es, der Mensch auch nicht: es ist beider letzte Rettung, wenn sie von der Materie bedrängt werden. Loch ist immer gut.

Wenn der Mensch ›Loch‹ hört, bekommt er Assoziationen: manche denken an Zündloch, manche an Knopfloch und manche an Goebbels.

Das Loch ist der Grundpfeiler dieser Gesellschaftsordnung, und so ist sie auch. Die Arbeiter wohnen in einem finstern, stecken immer eins zurück, und wenn sie aufmucken, zeigt man ihnen, wo der Zimmermann es gelassen hat, sie werden hineingesteckt, und zum Schluss überblicken sie die Reihe dieser Löcher und pfeifen auf dem letzten. In der Ackerstraße ist Geburt Fluch; warum sind diese Kinder auch grade aus diesem gekommen? Ein paar Löcher weiter, und das Assessorexamen wäre ihnen sicher gewesen.

Das Merkwürdigste an einem Loch ist der Rand. Er gehört noch zum Etwas, sieht aber beständig in das Nichts, eine Grenzwache der Materie. Das Nichts hat keine Grenzwache: während den Molekülen am Rande eines Lochs schwindlig wird, weil sie in das Loch sehen, wird den Molekülen des Lochs ... festlig? Dafür gibt es kein Wort. Denn unsre Sprache ist von den Etwas-Leuten gemacht; die Loch-Leute sprechen ihre eigne.

Das Loch ist statisch; Löcher auf Reisen gibt es nicht. Fast nicht.

Löcher, die sich vermählen, werden ein Eines, einer der sonderbarsten Vorgänge unter denen, die sich nicht denken lassen. Trenne die Scheidewand zwischen zwei Löchern: gehört dann der rechte Rand zum linken Loch? oder der linke zum rechten? oder jeder zu sich? oder beide zu beiden? Meine Sorgen möcht ich haben.

Wenn ein Loch zugestopft wird: wo bleibt es dann? Drückt es sich seitwärts in die Materie? oder läuft es zu einem andern Loch, um ihm sein Leid zu klagen – wo bleibt das zugestopfte Loch? Niemand weiß das: unser Wissen hat hier eines.

Wo ein Ding ist, kann kein andres sein. Wo schon ein Loch ist: kann da noch ein andres sein?

Und warum gibt es keine halben Löcher –?

Manche Gegenstände werden durch ein einziges Löchlein entwertet; weil an einer Stelle von ihnen etwas nicht ist, gilt nun das ganze übrige nichts mehr. Beispiele: ein Fahrschein, eine Jungfrau und ein Luftballon.

Das Ding an sich muss noch gesucht werden; das Loch ist schon an sich. Wer mit einem Bein im Loch stäke und mit dem andern bei uns: der allein wäre wahrhaft weise. Doch soll dies noch keinem gelungen sein. Größenwahnsinnige behaupten, das Loch sei etwas Negatives. Das ist nicht richtig: der Mensch ist ein Nicht-Loch, und das Loch ist das Primäre. Lochen Sie nicht; das Loch ist die einzige Vorahnung des Paradieses, die es hienieden gibt. Wenn Sie tot sind, werden Sie erst merken, was leben ist. Verzeihen Sie diesen Abschnitt; ich hatte nur zwischen dem vorigen Stück und dem nächsten ein Loch ausfüllen wollen.

# Sie, zu ihm

Theobald Tiger

Ich hab dir alles hingegeben:
mich, meine Seele, Zeit und Geld.
        Du bist ein Mann – du bist mein Leben,
        du meine kleine Unterwelt.
                Doch habe ich mein Glück gefunden,
                seh ich dir manchmal ins Gesicht:
                Ich kenn dich in so vielen Stunden –
                nein, zärtlich bist du nicht.

Du küsst recht gut. Auf manche Weise
zeigst du mir, was das ist: Genuss.
Du hörst gern Klatsch. Du sagst mir leise,
wann ich die Lippen nachziehn muss.
        Du bleibst sogar vor andern Frauen
        in gut gespieltem Gleichgewicht;
        man kann dir manchmal sogar trauen ...
        aber zärtlich bist du nicht.

O wärst du zärtlich!
Meinetwegen
kannst du sogar gefühlvoll sein.
Mensch, wie ein warmer Frühlingsregen
so hüllte Zärtlichkeit mich ein!
Wärst du der Weiche von uns beiden,
wärst du der Dumme. Bube sticht.
Denn wer mehr liebt, der muss mehr leiden.
Nein, zärtlich bist du nicht.

# Lyrik der Antennen

Peter Panter

Es ist unvorstellbar, wie sie entstehen, ganze New Yorker Stadtteile müssen an ihnen arbeiten. Und so ziemlich alle sind gleichartig, mit »I love you« und »blue« und dem ganzen Kram. Zur Zeit sind sie wohl außerordentlich gefühlvoll. Was für ein Gefühl ist das –?

Es ist eine konfektionierte Lyrik, die über den großen Städten schwebt. Sie bedient sich zum Teil alter Formen – aber der Inhalt ist ein pochendes Maschinenherz. »Du machst mich so traurig – du machst mich so froh –«, aber das ist gar nicht wahr, der Sänger glaubt es auch nicht; er bekommt gut bezahlt, wenn er den nötigen weichen Kehlkopf einstellt, und die Hörer wissen auch, dass das alles nicht wahr ist, doch entspannt es nach Geschäftsschluss recht angenehm, und es lässt sich gut danach tanzen. Diese Musik klingt so süß, aber sie ist, wenn man näher hinhört, glashart und sehr spröde, sie gibt nichts her, sie will ein Schlager sein, nach Geschäftsschluss.

Das geht über die Welt, alle Leute singen es, sicherlich kann man in den Straßen Kantons und Rio de Janeiros dieselben Melodien hören ... es ist eine Musik zwischen den Geschäften, keine Musik der Geschäfte ... doch, auch eine Musik der Geschäfte. Wenn die Börse trällern könnte: so sänge sie.

Hoch über den Antennen, die diese Musik versenden, zittert die Lyrik der Welt. Wurzellos ist das, diese Musik hat kein Vaterland, nur einen Herstellungsort: sie ist nicht geboren, sie ist Copyright. Der sie gemacht hat, glaubt kaum an sie; der sie vertreibt, schon gar nicht – der Hörer auch nicht so recht ... sie ist ein Gebrauchsgegenstand. Wie Kaugummi.

Doch denke ich manchmal: wie müssen Menschen beschaffen sein, die sich das abends vorspielen lassen? Wie also sind wir beschaffen?

Es sind Menschen, die wohnen in der Stadt, und einen Garten haben sie nicht. Doch sehen sie manchmal gerührt in einen kleinen künstlichen Garten aus Stoff-Pflanzen und Papierbäumen, der steht in einer Glaskugel, und die Hände dieser Menschen gleiten mit einer Zärtlichkeit, die sie sonst nicht verschenken, über die glatte Kugel des Glases ... das ist ihre Poesie. Übrigens denken sie sich nichts weiter dabei, und so verwickelte Sachen schon gar nicht. »Stell mal das Grammophon an, Barbara!« Barbara stellt es an.

Und es erhebt sich eine Haaröl-Stimme, ein Kerl singt, dem wimmert es nur so aus der Kehle, er hat sozusagen ein Bett-Timbre, samten entquillt ihm die Liebe, denn er hat einen guten Scheck bekommen. Es ist so eine unpersönliche Zärtlichkeit, die dieser Stimme entströmt, sie richtet sich an niemand, und daher sind alle sehr gerührt. Nein, gerührt nicht – nur leicht angerührt. Und weil die Musik dazu »Tschuck tschuck – tschuck-tschuck-tschuck« macht, so tanzen sie ein bisschen, im Atelier oder sonst wo. Was singt der Mann da –?

Fleißige junge Damen, die sonst nichts zu tun haben, sitzen mit Bleistift und Papier vor dem Apparat und notieren sich die bedeutenden Worte, jene Kombinationen von »I love you« und »happiness«, ein immer wechselndes Kaleidoskop. So berühmt möchte ich auch einmal sein – sieh doch, wie sie notieren und schreiben und sich die Platte vierundsechzigmal vorspielen lassen, damit ihnen auch kein kostbares Wort verlorengehe! Und wenn sie es glücklich herausbekommen und alles aufgeschrieben haben, dann verlieren sie den Zettel, inzwischen aber können sie den Text auswendig, und sie singen ihn mit, bis er von einem neuen Text abgelöst wird, in dem der Sänger versichert, er sei froh, weil er eben so traurig sei, und alles durch you-hou ... Einer singt und sagt »Goldnen Juni-Tagen«, aber es ist kein Gold und kein Juni und keine Tage ... solche schönen Lieder sind das.

Doch darf man diese Gebrauchsmusik, die es immer gegeben hat, nie mit dem einfachen Ohr hören. Es gehört noch eine andere Art Ohr dazu, sie ganz und gar aufzunehmen.

Gebrauchsmusik wird nur von den Mitlebenden verstanden – daher ist es unmöglich, alte Operetten völlig aufzufrischen, selbst ganze Teile von Offenbach sind verstaubt, dahin, klanglos trotz allen musikalischen Charmes. Warum? Weil wir nicht mehr mit dem Zylinder auf dem Kopf hinter die Kulissen gehn und den kleinen Ballettmädchen Ringe schenken – weil sich die Formen, nicht die Geschlechter, wohl aber die Formen der Liebe gewandelt haben – und diese alten Walzer klingen auf einmal so einfach. Aber sie waren es nicht. Der Komponist der Gebrauchsmusik hatte nur nicht alles in seinen Schlager hineinlegen können, er hatte den Zeitgenossen mit dem Ellbogen angestoßen und ihm zugezwinkert: »Du weißt doch ... du weißt doch ...« und der Zeitgenosse wusste. Wir wissen nicht mehr.

Doch wissen wir genau, was es mit den amerikanischen Schlagern auf sich hat. Diese Lieder stellen sich dumm – es ist das äußerste Raffinement, mit dem etwa eine sehr elegante Frau ›ein ganz einfaches Kleid‹ anzieht, eines, an dem nun überhaupt nichts mehr dran ist – so ganz einfach, wissen Sie? Kostet viel Geld, das Kleid. Die Lieder stellen sich kindlich – simpel – jugendlich – sie sind es gar nicht. Sie sind alt wie der Wald, traurig, jammervoll leer, weil alles nur in sie hineingepumpt ist ... Liebe aus Blech. Und doch ist da etwas.

Es ist das Zeitgefühl, eben jenes von 1931, eben jenes, das abgearbeitete Menschen haben, wenn sie sich abends dadurch ausruhen wollen, dass sie sich nicht ausruhen. Gefühle zerbröckeln, es schwingt etwas, einer singt von ihren schönen braunen Augen, doch es sind die Augen eines Schaukelpferds, Puppenliebe und Affentheater, und doch ist alles echt, weil es so wunderschön falsch ist.

Hoch über den Antennen aber, die diese Musik versenden, zittert die Lyrik der Welt.

# Augen in der Großstadt

Theobald Tiger

Wenn du zur Arbeit gehst
am frühen Morgen,
wenn du am Bahnhof stehst
mit deinen Sorgen:
da zeigt die Stadt
dir asphaltglatt
im Menschentrichter
Millionen Gesichter:
Zwei fremde Augen, ein kurzer Blick,
die Braue, Pupille, die Lider –
Was war das? vielleicht dein Lebensglück...
vorbei, verweht, nie wieder.

Du gehst dein Leben lang
auf tausend Straßen;
du siehst auf deinem Gang,
die dich vergaßen.
          Ein Auge winkt,
          die Seele klingt;
    du hasts gefunden
    nur für Sekunden ...
Zwei fremde Augen, ein kurzer Blick,
die Braue, Pupille, die Lider;
was war das? kein Mensch dreht die Zeit zurück...
Vorbei, verweht, nie wieder.

Du musst auf deinem Gang
durch Städte wandern;
siehst einen Pulsschlag lang
den fremden Andern.
        Es kann ein Feind sein,
        es kann ein Freund sein,
        es kann im Kampfe dein
        Genosse sein.
  Es sieht hinüber
  und zieht vorüber...
Zwei fremde Augen, ein kurzer Blick,
die Braue, Pupillen, die Lider.
Was war das?
        Von der großen Menschheit ein Stück!
Vorbei, verweht, nie wieder.

# Die Nachgemachten

Peter Panter

Sie glauben gar nicht, wie natürlich
meine künstlich nachgemachten
Haarfrisuren aussehen!
*Berliner Schaufensterinschrift*

Es sieht alles ganz natürlich aus. Die reichen Leute fahren in ihren Automobilen herum, sie bekommen eiskalten Sekt und siedend heiße Bouillon mit Mark, temperierten Rotwein und Frauen aller Wärmegrade. Sie beschenken sich zu Weihnachten, zu den Geburtstagen, und wenn sie von einem anderen etwas wollen. Sie führen das Leben, nach dem sie sich ihr ganzes Leben lang gesehnt haben.

Aber es stimmt etwas nicht mit ihnen. Es fehlt ihnen irgendetwas. Besonders die fühlen es, die auch schon früher nicht ganz arm gewesen sind. Mit diesem ganzen Juchhei ist irgendetwas nicht in Ordnung. Echt mag die Lebensfreude sein. Aber sie ist nicht original. Sie ist nachgemacht.

Noch nie ist in Europa der Gegensatz zwischen oben und unten so hart und scharf gewesen wie heute. Man geht sich aus dem Wege. Man ist sich nicht grün. Man verachtet sich. Ja, es soll vorkommen: dass man sich hasst.

Wir stehen nicht am Gitter und erzählen uns, wie sauer denen da drinnen die Trauben schmecken, die uns unerreichbar sind. Aber uns kann niemand etwas erzählen: es sind nicht unsere alten Friedenstrauben. Es sind nachgemachte.

Es ist alles so:

Die Reichen – und besonders die Reichgewordnen – spielen für ihr Geld Frieden. Sie haben früher so lange Jahre das da gesehen (und sie haben es nicht haben können) – und nun wollen sie auch einmal. Und kaufen sich die alten Ideale. Ja, sie sind noch sehr schön …

Aber es sind nicht die alten. Es sind nicht die alten, weil man die Luft nicht kaufen kann, in der sie einmal gediehen sind; weil man die Lebenssphäre nicht kaufen kann, die jene hervorgebracht hat. Es sind hastige Erfüllungen hastiger Menschen, und ich muss immer an einen hübschen Ausdruck denken, den mir einmal eine Französin in ihrem lustigen Kullerdeutsch sagte: »Das?« sagte sie und zeigte auf eine junge Person, die da vor uns herumtanzte. »Das ist eine schnelle Frau!« – Auch dies sind schnelle Freuden.

Angefertigt nach altem Rezept, fabriziert nach alten Vorlagen, hergestellt nach den alten Mustern. Sie sind nicht in dem Tal geboren … War es nicht früher sehr lustig, in Premieren zu gehen? Na, gehen wir doch zu den Premieren –

jetzt können wir es uns ja leisten! Machte man nicht früher, wenn man vergnügt sein wollte, Fahrten ins Grüne? Hans, kurbeln Sie den Wagen an – wir fahren ins Grüne –!

Ach, es ist das alte Grüne nicht mehr. Die Bäume sehen aus, als wüssten sie, wie das Holz inzwischen im Preise gestiegen ist, die Blumen blühen freibleibend, und mit den Kühen ist überhaupt nicht mehr zu reden; niemand traut sich ›du‹ zu ihnen zu sagen, seit sie solche Wertobjekte geworden sind. Vorbei, vorbei –

Und wenn ihr mit goldenen Zungen redet und hättet der Liebe nicht ...! »Geld allein macht nicht glücklich, man muss es auch haben!« sagt ein altes Wort, Nein, man muss auch eine Welt haben, in der man ohne Scham glücklich sein kann.

Man müsste wohl immer einige Abstraktionen beiseite tun, wenn man glücklich war – und jeder Glückliche ist ein Egoist, der der Traurigen vergisst. Aber es ist heute schwer, sie nicht zu vergessen. Man stolpert über sie.

Denken Sie, ich saß neulich allein im Auto meines Freundes Jannings, wissen Sie, des großen Filmschauspielers – und Sie können sich nicht denken, wie böse mich alle Leute auf der Straße angeguckt haben. Zugegeben: ich bin ein wenig dick ... Aber ich hätte am liebsten ein Fähnchen aus dem Wagen herausgestreckt: »Bitte! Ich bin es gar nicht! Ich kann nichts dafür! Ich gehöre zu euch!« – Ich denke es mir nicht schön, immer so angeguckt zu werden ...

Fühlt man sich doppelt warm, wenn es draußen schneit und windet? Ja, vielleicht. Aber fühlt man sich auch doppelt wohl, wenn draußen Leute leiden?

Sie bauen sich alte Freuden auf, die heute keinen rechten Sinn mehr haben. Die deshalb keinen Sinn mehr haben, weil zu jedem Karneval eine glückliche Menge gehört – ja, weil sie erst die Lust ausmacht, in der damals eine ganze Stadt tanzen konnte.

Vielleicht ist das große Leid die Würze zum Vergnügen dieser anderen. Der Schmerz der Armen ist ein Pfeffer für die Reichen. Ein Weinen klingt unter der Erde, aber sie tanzen.

Entschuldigen Sie bitte, wenn ich im Gewühl der Zahlen Ihres Kurszettels ganz leise sagen möchte: »Das ist kein schönes Vergnügen. Es ist doch nur – ein nachgemachtes.«

# Wo ist der Schnee …

Theobald Tiger

Wo ist der Schnee vom vergangenen Jahr,
Anna-Susanna?
Weißt du noch, was damals Mode war,
Anna-Susanna?
Die Literatur trug man vorne gerafft,
jede Woche gabs ein Genie.
Und alles murmelte: »Faaabelhaft!
Rein menschlich … irgendwie …!«

Wo sind die Blumen vom letzten Lenz,
Anna-Susanna?
Die Betonung des kosmischen Bühnen-Akzents,
Anna-Susanna?
Das gebildete Publikum lief zuhauf
mit der Kritiker-Artillerie.
Und die Stücke führt kein Mensch mehr auf,
rein menschlich irgendwie.

Wo ist der Schnee vom vergangenen Jahr,
Anna-Susanna?
Brecht wird sein, was Sudermann war,
Anna-Susanna.
Sie brüllen sich hoch, die Reklame schreit,
das ist eine Industrie.
Pro Mann einen Monat Unsterblichkeit
– Anna-Susanna –
rein menschlich irgendwie.

# Verloren

Peter Panter

Wenn man etwas verloren hat, ist man sehr traurig. Der Wert der Sache macht es nicht – da ist noch etwas anders.

Spieler fühlen den Gewinn als eine sichtbare Erhöhung ihrer Persönlichkeit, der zu gewinnen wohlansteht, ein Kerl, der so gebaut ist, muss eben gewinnen, das gehört zu seinen immanenten Eigenschaften. Verlust ist, bei auch nur sanfter Anlage zum Verfolgungssinn, Strafe der Götter und fühlbare Hand des Schicksals. Man hat das nicht gern. Auch hat Verlust noch eine andere bitter schmeckende Eigenschaft. Er macht lieben, was verloren ist.

Nie ist ein Gegenstand so leibhaftig da wie der, der nicht mehr da ist. Jetzt erst wird er ganz lebendig, schätzenswert, fast unersetzbar – so einen bekommst du nie mehr wieder. Aber es gibt doch noch andere Schirme, Kanarienvögel, Zerstäuber ... Ja, aber so einen nicht.

Denn mit dem Verlorenen ist ein Stück Leben mitgegangen, es hat so vieles mitgemacht, an ihm hängen Energien, Blicke, Rufe, Lachen. Das hat es alles aufgesogen. Worauf die Sehnsuchtsmaschine einsetzt: Gestern ... gestern um diese Zeit war er noch da. Da lag er, da hat er gestanden, ich legte meine Hand auf ihn ... heute ist er fort. Wo ist er jetzt? Wo mag er jetzt sein? Wer hat ihn? Warum habe ich ihn nicht mehr? Komm zurück. So habe ich dich nie geliebt.

Verlust macht ärmer. Und wenn mir einer dreizehn neue Hüte kauft: Verlust macht ärmer. Wir selbst wollen die abgelegten und zu Ende gelebten Sachen wegtun – sie sollen uns nicht fortlaufen. Es ist Verrat an der Freundschaft. Wer je ein altes Kinderbuch von sich wiedergefunden hat, weiß, was ich meine: das Buch ist nur die dingliche Erscheinung, die Unterlage von scheinbar abstrakten Niederschlägen: jeder Käsefleck ist eine Lebensetappe.

Stunden oder Tage lang wird die verlorene Sache zur fixen, zur festen Idee. Das ganze Lebensgefühl dreht sich ihr zu, wendet sich empfindlich vom hellen Tage ab, zieht das Gefühl ein und liebt. Dann kommt der Krach mit Tante Anna nun endgültig zum Ausbruch, auch muss die Hypothekenkündigung eingetragen werden, und fragt dich einer nach dem kleinen Taschenmesserchen mit der matten Schale, dann sagst du – und musst erst etwas nachdenken, bevor du antwortest: »Das? – Ach ja, das habe ich verloren.« Es heißt, dass man mit Menschen ähnlich umgehe.

# Schöner Herbst

Theobald Tiger

Das ist ein sündhaft blauer Tag!
Die Luft ist klar und kalt und windig,
weiß Gott: ein Vormittag, so find ich,
wie man ihn oft erleben mag.

Das ist ein sündhaft blauer Tag!
Jetzt schlägt das Meer mit voller Welle
gewiss an eben diese Stelle,
wo dunnemals der Kurgast lag.

Ich hocke in der großen Stadt:
und siehe, durchs Mansardenfenster
bedräuen mich die Luftgespenster ...
Und ich bin müde, satt und matt.

Dumpf stöhnend lieg ich auf dem Bett.
Am Strand wär es im Herbst viel schöner ...
Ein Stimmungsbild, zwei Fölljetöner
und eine alte Operett!

Wenn ich nun aber nicht mehr mag!
Schon kratzt die Feder auf dem Bogen –
das Geld hat manches schon verbogen …
Das ist ein sündhaft blauer Tag!

# Ab 12:46 Uhr

Peter Panter

Dies ist der letzte Tag an der See; heute Mittag muss ich davon.

Noch einmal: baden. Noch einmal an den kleinen windschiefen Bäumchen vorbei, wo die Mädchen immer die Badetücher aufhängen, die wehen dann den ganzen Vormittag wie weiße Fahnen. Noch einmal Gruß zum Zeitungsstand hinüber, wo die Zeitungen aus der Stadt hängen, ich habe ihnen jeden Tag eine lange Nase gemacht … noch einmal alles mit den Augen ansehen, mit dem Geruch aufschnuppern, den feinkörnigen Sand fühlen – und denken: Das kommt nie wieder. Das kommt nie wieder.

Der letzte Tag …

Im Krieg übten wir unser Gewerbe im Umherziehen aus. Mit gefurchter Stirn und entrüsteter Nase krochen wir in den kurländischen Bauernhäusern herum, die uns die vorigen Truppen leer und völlig mit Stroh verdreckt zurückgelassen hatten – Zimmer zu vermieten! hatten die Dragoner vor uns angeschrieben. Verflucht –!

Und dann ging's los: sauber machen, alles reinigen; die Löcher in den Wänden, wo still die Wanzen brüteten, mit Petroleum ausspritzen und zukleistern ... das Stroh heraus- und sauberes neues Stroh hineinschaffen ... die Fenster einigermaßen putzen ... hier habe ich viele schöne Flüche gelernt.

Dann lebten wir uns langsam ein. Das Quartier war doch erträglicher, als es vorher den Anschein gehabt hatte; es ließ sich darin leben.

Wir soffen und sangen; wir spielten Karten und lasen zivilistische Bücher; wir rechneten uns aus, wann der Krieg wohl vorbei sein würde ...

Und gewannen mittlerweile das Quartier lieb. Die grauweiße Hütte mit dem Holzhäuschen davor fing an, uns eine neue Heimat zu werden; die wievielte! Aber es wurde eine. Wenn wir nach Hause kamen, dann kuschelte sich schon jeder in seine Ecke, alles war vertraut und gut eingespielt, man wusste schon, wo alles lag. Und täglich sannen wir auf neue Verschönerungen: hier wurde noch ein Bild aus der Zeitung herausgeschnitten, aufgehängt, da ein Spiegel; hier Tannenreiser angebracht und da ein Birkengeländerchen ... (aus unerfindlichen Gründen hatten alle deutschen Offiziere eine besondere Vorliebe für Birkenholz; am liebsten hätten sie den gesamten Kriegsschauplatz mit Birkengeländern einfassen lassen ...), und das Quartier wurde immer schöner. Und regelmäßig dann, wenn einer vorschlug, man könnte nun noch ein Vogelbauer aufhängen und vielleicht – »Mensch, azähl doch nich! Ick ha doch schon Krieg geführt, wie du noch bei Muttan ...!« – Regelmäßig, wenn noch eine ganz besondere Verbesserung geplant, ausgeführt und beendigt war, wenn das Auge des Kompanieführers beinah wohlgefällig auf der Unterkunft ruhte, und wenn der letzte Nagel saß –:

Dann mussten wir fort.

Solch ein Auszug war jedesmal eine melancholische Sache. Ich lernte abermalen neue Flüche. Fluchend packten die Leute ihren Kram zusammen – was würde nun wieder kommen? Wohin nun wieder? Wo es hier *so* schön gewesen war!

Und dann zogen wir los. Und kamen in ein neues Quartier. Und dann fing alles wieder von vorn an. Und am schönsten, am schmerzlichsten und am heimatvollsten war allemal der letzte Tag.

Da liegt die See ... Warum bleibe ich eigentlich nicht immer hier? Man könnte sich zum Beispiel da oben einmieten, das wäre bestimmt gar nicht einmal so teuer – und dann, immer: blaue Luft, Sonne (doch, das gab's – sogar diesen Sommer!), und Salzwasser und Flundern und Grog – und immer, immer: Sommerfrische ...

Soweit Herr Panter. Der in ihm wohnende Peter aber ist schlauer. Er weiß.

Er weiß, dass es damit nichts ist. Dass die Sorgen alle mitziehen, wenn man umzieht: dass es etwas ganz anderes ist, ob man nur vorübergehend an einem Ort sitzt – oder für immer. Ist man für vier Wochen da, lacht man über alles – auch über die Unannehmlichkeiten. Es geht einen so schön nichts an. Ist man aber für immer da, dann muss man sich ärgern. Man muss teilnehmen. Man muss mitleben. »Schön habt ihr es hier!« sagte einst Karl der Fünfte zu einem Prior, dessen Kloster er besuchte. »Transeuntibus!« erwiderte der Prior. »Schön – ja: für die Vorübergehenden.«

So erfrischend ist das Bad in all den vier Wochen nicht gewesen. So lau hat der Wind nie geweht. So hell hat die Sonne nie geschienen. Nicht, wie an diesem letzten Tag.

Sei gescheit. 12.46 geht der Zug … und du wirst drin sitzen. 12.46 unerbittlich. Die Arbeit ruft. Und du kommst.

Nicht losreißen kannst du dich. Letzter Tag …

Letzter Tag des Urlaubs – letzter Tag in der Sommerfrische …! Letzter Schluck vom roten Wein … letzter Tag der kleinen Reiseliebe – noch eine halbe Stunde! Noch eine halbe! Noch eine viertel …! Letzter Tag … letzter Tag des Lebens …?

Vielleicht ist es deshalb so schwer, zu sterben, weil niemand einen letzten Tag ertragen kann. Er ist aber gar nicht so schwer zu ertragen. Wenn es am besten schmeckt, soll man aufhören. Was dann kommt …

Nichts ist so schön wie der letzte Tag.

# Deutscher Abend

Theobald Tiger

Nun gönnt die Firma stillen Abendfrieden
dem Arbeitsmann, den Mädels, dem Kommis –
nun sitzt ganz Deutschland um den runden, lieben
gedeckten Tisch und sieht aufs Visavis.

Da liegt das Land: ganz schwarz und blau und dunkel.
Es klirrt der Wind im Telegrafendraht.
Ein gelbes Fenster grüßt dich mit Gefunkel:
hier spielt der Förster seinen Dauerskat.

Man hebt die Zeitung, lässt sie wieder sinken,
die Welt, ihr Lieben, geht den alten Lauf –
hieraufbezüglich kann man einen trinken,
die Pfeife qualmt, nun steigt der Mond herauf.

Und hundert Mimen spreizen ihre Glieder,
und hundert Bürger füllen sich mit Bier …
Und hundert Mädchen summen kleine Lieder,
denn morgen, morgen muss er fort von hier.

O Herr, so wie wir hienieden krauchen,
so segne Land und Leute und Kompott.
Verlass dich drauf: wir könnens brauchen,
wir könnens brauchen, lieber Gott!

# Der Verkehr

Kurt Tucholsky

Der Verkehr ist in Deutschland zu einer nationalen Zwangsvorstellung geworden.

Zunächst sind die deutschen Städter auf ihren Verkehr stolz. Ich habe nie ergründen können, aus welchem Grunde. Krach auf den Straßen, Staub und viele Autos sind die Begleiterscheinung eines Städtebaues, der mit den neuen Formen nicht fertig wird – wie kann man darauf stolz sein?

Es ist wohl so, dass sich der einzelne als irgendetwas fühlen muss – der soziale Geltungsdrang, an so vielen Stellen abgestoppt, gebremst, zunichte gemacht, findet hier sein Ventil und dringt zischend ins Freie. »Was sagen Sie zu dem Verkehr bei uns –?« Da sagen wir denn also, dass er überall in Deutschland, ohne jede Ausnahme, viel kleiner ist als etwa der in Paris – die Pariser aber sind über ihre verunstalteten Boulevards todunglücklich und trauern der alten, schönen Zeit nach, da man dort noch spazieren gehen konnte ... heute bläst es aus tausend Hupen.

Es wäre viel schöner, wenn jede große deutsche Stadt ein

Innenviertel hätte, in dem gearbeitet wird, und grüne Außenviertel, wo die Leute gesund wohnen. Aber da haben wir vorläufig noch alles durcheinander; in den engen Darmstraßen Kölns wohnen Leute, und die Berliner verderben sich jedes gute Wohnviertel durch ihre Faulheit, nicht ›in die Stadt‹ gehen zu wollen – so gibt es überall eine trübe Mischung von Geschäfts- und Wohnvierteln, die weder das eine noch das andere sind. Viel grauslicher aber ist die Regelung dieses nicht vorhandenen Verkehrs.

Nachdem die allgemeine Wehrpflicht weggefallen war, sah sich der Deutsche nach einem Ersatz um. Die Wohnungsämter ... das war schon ganz schön, aber noch nicht das richtige. Die Sportverbände – hm. Die Reichswehr: zu klein. Da fuhren ein paar tüchtige Beamte nach Amerika und London, kamen, sahen, machten Notizen ... und der Ersatz war gefunden. Der Ersatz der allgemeinen Wehrpflicht ist die deutsche Verkehrsregelung.

Was da zusammengeregelt wird, geht auf keine Kuhhaut.

Die organisationswütigen Verwaltungsbeamten haben jeden gesunden Sinn für Maß und Ziel verloren; sieht man sich dieses Gefuchtel, Geblink, Geklingel und Gewink an, so wird einem angst und bange – vor lauter Leitern, Regelern, Organisatoren ist nur eines nicht zu sehen: der Verkehr.

Es wird zunächst viel zu viel geregelt. Wo im Ausland ein einziger Polizist still an der Ecke steht und ab und zu einen helfenden Wink gibt, steht hier der Büttel. Dem kommt es oft gar nicht darauf an, den Fahrenden oder den Gehenden wirklich zu helfen. Wie immer in Deutschland, ist hier kodifiziertes Recht; diese Regelung hat weiter keinen Wunsch und Willen, als den von ihr aufgestellten Regeln um ihrer selbst willen Geltung zu verschaffen. Es ist die Staatsautorität, die hier herumwirtschaftet.

Das zeigt sich in erster Linie an der sinnlosen Mechanisierung der Regelung. Gehst du zum Beispiel durch Berlin, so siehst du an Hunderten von Stellen Wagen halten, ohne dass ein anderer Grund dafür vorläge, als dass vor ihnen eine rote Lampe brennt, die übrigens so aufgehängt ist, dass sie der vorderste Fahrer im geschlossenen Wagen kaum sehen kann. Ganz mechanisch wird das gemacht; auf einer ›Zentrale‹, diesem Ideal aller Organisatoren, läuft ein Apparat, und vierzehn Straßenzüge sind gesperrt, große, kleine, belebte, leere – darauf kommt es gar nicht an. Es kommt auf die rote Lampe an. Da stehen nun die Wagen. Und warten. Und verlieren Zeit.

Es ist eine Qual, durch Berlin zu fahren.

Die Folgen dieser Reglerei sind denn auch katastrophal. Kommt ein Wagen an eine Straßenecke, so ist das ein ›Problem‹; die Radfahrer sitzen ab, alle Leute haben eine überspitzte Aufmerksamkeit, in ihre Augen tritt ein seltsamer Ausdruck –: sie machen Fahrdienst. Nichts ist locker, alles ist gespannt, viel zu sehr gespannt, um nicht bei jeder kleinen Schwierigkeit zu reißen – alle machen Dienst.

Es ist so viel Freude am Befehlen in diesem Kram; die Mienen, das Betragen der meisten Polizisten, besonders in den größeren Städten, haben durchaus etwas Vorgesetztenhaftes an sich; sie kämen gar nicht auf den Gedanken, dass sie dazu da sind, den Verkehr zu glätten – sie achten auf die Durchführung von Vorschriften, die keinen andern Sinn haben, als durchgeführt zu werden. Das kommt den Leuten kaum zum Bewusstsein – so eingedrillt ist ihnen das alles. Man spürt in jeder Fiber, wie im regelnden Polizeimann eine Stimme singt: »Vor allem halte hier mal an. Und dann werden wir weiter sehen. Und so einfach weitergefahren wird auch nicht – das ist hier eine ernste Sache, und die hast du zu respektieren.« Und ob sie sie respektieren! Sie sind wirklich stolz darauf, gewissermaßen kantig zu gehorchen, es ist der alte Kommiss, der unausrottbar in ihrem Blut sitzt – ruck, zuck – und so fahren sie. Und so fahren sie, und niemand fährt so unkameradschaftlich wie sie. Von dem Martyrium alleinfahrender Damen, die nicht hübsch sind, will ich gar nicht einmal reden; das Auto ist ja in Deutschland durch die irrsinnige Steuerpolitik, durch die systematische Vernichtung der Konsumkraft noch lange nicht Sache des kleinen Mannes, wieviel Neid schwirrt um die Wagen! Wenn sie auch nicht überall, wie manchmal in Bayern, den Autofahrern Messer in die Wagen werfen: sehr freundlich werden die nicht angesehen. Aber noch unfreundlicher behandeln sie sich untereinander.

Der Deutsche fährt nicht wie andere Menschen. Er fährt, um recht zu haben. Dem Polizisten gegenüber; dem Fußgänger gegenüber, der es übrigens ebenso treibt – und vor allem dem fahrenden Nachbarn gegenüber. Rücksicht nehmen? um die entscheidende Spur nachgeben? auflockern? nett sein, weil das praktischer ist? Na, das wäre ja ... Es gibt bereits Frageecken in den großen Zeitungen, wo im vollen Ernst Situationen aus dem Straßenleben beschrieben werden, damit nun nachher wenigstens theoretisch die einzig ›richtige Lösung gestellt‹ werden kann – man kann das in keine andere Sprache übersetzen. Als ob es eine solche Lösung gäbe! Als ob es nicht immer, von den paar groben Fällen abgesehen, auf die weiche Nachgiebigkeit, auf die Geschicklichkeit, auf die Geistesgegenwart ankäme, eben auf das Runde, und nicht auf das Viereckige! Aber nichts davon. Mit einer Sturheit, die geradezu von einem Kasernenhof importiert erscheint, fährt Wagen gegen Wagen, weil er das ›Vorfahrtsrecht‹ hat; brüllen sich die Leute an, statt sich entgegenzukommen – sie haben ja alle so recht! Als Oberster kommt dann der Polizeimann dazu, und vor dem haben sie alle unrecht.

Die feinen Leute in Berlin sind sehr stolz darauf, dass die ›beliebtesten‹ Polizisten zu Weihnachten von den Autofahrern so viel Geschenke bekommen, wie die für arme Kinder niemals übrig hätten – wieviel Anmeierei ist darin, Untertanenhaftigkeit, Feigheit, Angst und Anerkennung der Obrigkeit; denn Ordnung muss sein, und anders können sie sich Ordnung nicht vorstellen.

Es ist keine Ordnung. Es ist organisierte Rüpelei.

Daher ihre völlige Ohnmacht, wenn sie in Paris fahren sollen, wo die Fahrer einen einzigen Strom bilden, in dem jeder falsche Individualismus völlig verschwindet, in dem es wenig Regeln, aber sehr viel Entgegenkommen gibt, sehr viel Rücksicht auf den Fußgänger, sehr viel Fluidum zwischen den Fahrenden – kurz, trotz aller Polizeivorschriften des eifrigen Herrn Chiappe, lauter Dinge, die nicht in den Lehrbüchern stehen. Wie kommt das –?

Das kommt daher, dass die Deutschen sich einbilden, man könne eine Sache zu Ende organisieren. Das kann man eben nicht. Man kann eben nicht alles kodifizieren, vorherbestimmen, ein für allemal voraussehen, alle jemals vorkommenden Lagen bedenken, sie ›regeln‹ und dann keinen Einspruch mehr gelten lassen … so sieht die Justiz dieses Landes aus, und sie ist auch danach. Auf den Straßen aber ergibt sich das groteske Zerrbild, dass der Fußgänger der Feind des Autos ist, das er neidisch und verächtlich ignoriert – er wird es den Brüdern schon zeigen –; der Fahrer Feind des Fußgängers – wo ick fahre, da fahre ick – ums Verrecken bremst er nicht vorsichtig ab, fährt nicht um den Fußgänger herum, weil ›der ja ausweichen kann‹ … und aller Feind ist der regelnde Mann: der Polizist.

Das Ideal dieses Verkehrs sieht so aus, dass vom Brandenburger Tor herunter alle Städte des Reichs durch einen Reichsverkehrswart geregelt werden, überall hat zu gleicher Zeit ein grünes Licht aufzuleuchten, und gehorsam und scharf anfahrend, setzen sich 63657 Wagen in Fahrt. Das wäre ein Fest ...

Schade, dass es nicht geht. Aber er ist auch so schon ganz hübsch, der deutsche Verkehr. Man fährt am besten um ihn herum.

# Dichtkunst 1926

Theobald Tiger

Was werden die Dichter heuer schreiben –?
Das wird auch in diesem Jahre so bleiben:

Wenn der Sekundaner, sanft erhitzt,
vor einem nackerten Bilderbuch sitzt,
steigt ihm das Blut in die Gefäße,
er wackelt leise mit dem Gesäße;
hochrot der Kopf, hochrot das Ohr,
stellt er sich etwas Schönes vor:
eine züngelnde und rundbauchige Fee –
und dann spielt er mit seiner Lieblingsidee.

So auch der Deutsche.
                                        Alle Knaben,
die eine Schreibmaschine haben,
verfassen heute radikal
die Weltgeschichte noch einmal.

Der alte Fritz sagt mürrisch: »Er …!«
und plaudert mit dem Affen Voltaire;
er kann zwar nicht richtig deutsch buchstabieren,
doch das tut der Krückstock remplacieren –
davon leben die Biographen.

Die Juden vom Film gehn mit Bismarck schlafen
und stehn mit Moltken wieder auf –
das ist so der deutsche Lebenslauf.
Arminius, der Große Kurfürst und Stein
spielen einen schönen Bierskat zu drein;
Blücher und Barbarossa mit Bart
kiebitzen dazu auf deutsche Art;
und inmitten dieses großen Geschreis
steht Turnvater Jahn und riecht nach Schweiß.
Und segnend schwebt über alle diese
die gute Königin Luise,
eine wahrhafte, echte, deutsche Frau.

Fällt einem nichts ein, schreibt er: Gneisenau.
Und auch die Operetten aus Wien
benötigen Landes-Dynastien
(mit Renten).
So besinnt sich weit und breit
der Deutsche auf seine Vergangenheit:
Hochrot der Kopf, hochrot das Ohr,
stellt er sich etwas Schönes vor
in Büchern, Theaterstücken, Journalen –
und dann spielt er mit seinem Nationalen.

Denn dieses Deutschtum mit Sonnenstich
ist eine Beschäftigung an und für sich.
Es gibt Leute, die statt Kinder zu zeugen, schreiben.
Das wird auch im kommenden Jahre so bleiben.

# Der Grundakkord

Peter Panter

Da ist diese Geschichte von den beiden Musikern, die wohnten in einer gemeinsamen Wohnung. Und der eine spielte noch spät abends vor dem Schlafengehen Klavier, und er spielte eine ganze große Melodie, mit allen Variationen, und zum Schluss noch einmal das Grundthema, aber das spielte er nur knapp bis zum Schluss, da hörte er auf, und den Schlussakkord, den spielte er nicht mehr. Sondern ging zu Bett.

Nachts um vier aber erhob sich der andere Musiker, schlich leise zum Klavier und schlug den fehlenden Grundakkord an. Und dann ging er beruhigt und erlöst schlafen.

Der Mensch will alles zu Ende machen. Wird er von einer kleinen Arbeit abgerufen, die grade vor ihrem Ende steht, so kann man hundert gegen eins wetten, dass jeder von uns sagt: »Einen Augenblick mal – ich will das bloß noch …«, die Arbeit ist vielleicht gar nicht wichtig, aber man kann sie doch so nicht liegenlassen, denn dann schreit sie. Und immer ist diese kleine Zwangsvorstellung stärker als alle Vernunft.

Der Mensch will auch alles zu Ende lesen – wenn der Schriftsteller etwas taugt. Was ein richtiges Buch ist, das muss einen ganzen Haushalt durcheinanderbringen: die Familie prügelt sich, wer es weiterlesen darf, die Temperatur ist beängstigend, und Mittag wird überhaupt nicht mehr gekocht. Und nichts ist schlimmer, als ein Buch anzufangen und es dann nicht mehr zu Ende lesen zu können. Das ist ganz schrecklich. Haben wir nicht schon alle einmal einen Roman auf der Reise verloren, liegengelassen, ›verborgt‹ (lebe wohl! lebe wohl!) und uns dann krumm geärgert, dass wir nicht wissen, wie es weitergeht? Da gibt es ja dann das probate Mittel, sich das Buch allein zu Ende zu dichten, aber das wahre Glück ist das auch nicht, denn dabei muss man sich anstrengen, während man bei der Lektüre die ganze Geschichte ohne eigene Mühe vor sich ausgebreitet sieht – und dann weiß man doch auch nie, ob man richtig gedichtet hat, nein, das führt zu nichts. Der Dichter muss dichten, und der Leser will lesen. Umgekehrt ist es naturwidrig. Im Theater ist es schon anders. Wie dritte Akte aussehen, weiß ich nicht so ganz genau – ich gehe meist schon nach dem zweiten fort. Da reden sie so lange und dann hören sie gar nicht auf, und was wird denn schon dabei herauskommen! Wenn es eine Operette ist, dann wird zum Schluss die Musik noch lauter werden, und alle kommen an die Rampe getobt und winken ins Publikum, und ich bekomme meinen Mantel viel zu spät, weil vor mir der große, dicke Herr steht, der immer sagt: »Ich warte aber schon so lange …!« Und wenn es ein ernstes Stück ist, dann sehn sie sich zum Schluss in die Augen, zart verdämmert die Abendröte im Stübchen, und Olga sagt zu Friedrich: »Auf immer.« Und wieder kriege ich meinen Mantel zu spät. Nein, dritte Akte sind nicht schön. Es gibt ja Leute, die bekommen niemals den Anfang der Stücke zu sehn, weil sie mit ihren Frauen ins Theater gehen müssen, und für solche Paare sind dann die dritten Akte da. Es gibt übrigens eine Sorte Menschen, die schmerzt es, wenn man das Theater vorzeitig verlässt – das sind die Logenschließer. Vor dem Krieg in Berlin, bei ›Puppchen, du bist mein Augenstern‹, und nach dem Krieg in London, bei Wallace, dem bekannten Anhänger der Prügelstrafe, fielen mir beidemal bejahrte Logenschließer in den Paletot: »Sie wollen schon gehen? Aber das schönste kommt ja erst …!« Aber roh und herzlos stieß ich die bekümmerten Greise beiseite und entfloh, ins Freie, wo die fröhlichen Omnibusse rollten und wo ich ein viel schöneres Stück kostenlos zu sehen bekam: ›Abend in der Stadt‹, in vielen Akten.

Soll man vor dem Ende aufhören? »Wenn es am schönsten schmeckt …«, ja, das kennen wir. Vielleicht ist es hübsch, vor dem Ende aufzuhören – unten liegt immer so viel Satz. »Es war ja alles sehr schön, was ich in meinem Leben gehabt habe«, hat einmal eine reiche Dame gesagt, die wirklich so ziemlich alles durchgekostet hatte, »aber es müsste um elf Uhr aus sein.«

Es ist aber nicht alles um elf Uhr aus. Die Stücke fangen meistens nett an, der zweite Akt bietet mancherlei Spannungen, aber dann zieht sichs, dann zieht sichs, und zum Schluss ... nein, man sollte doch schon immer in Pasewalk aussteigen.

Man hat dann wenigstens diese leise, kleine Sehnsucht in sich. Die Sehnsucht nach dem Grundakkord.

# Zweifel

Theobald Tiger

Ich sitz auf einem falschen Schiff.
Von allem, was wir tun und treiben,
und was wir in den Blättern schreiben,
stimmt etwas nicht: Wort und Begriff.

Der Boden schwankt. Wozu? Wofür?
Kunst. Nicht Kunst. Lauf durch viele Zimmer.
Nie ist das Ende da. Und immer
stößt du an eine neue Tür.

Es gibt ja keine Wiederkehr.
Ich mag mich sträuben und mich bäumen,
es klingt in allen meinen Träumen:
Nicht mehr.

Wie gut hat es die neue Schicht.
Sie glauben. Glauben unter Schmerzen.
Es klingt aus allen tapfern Herzen:
Noch nicht.

Ist es schon aus? Ich warte stumm.
Wer sind Die, die da unten singen?
Aus seiner Zeit kann Keiner springen.
Und wie beneid ich Die, die gar nicht ringen
Die habens gut.
                    Die sind schön dumm.

# Erfüllung

Kaspar Hauser

Wie Wagenpferde, die schwer gezogen haben, getränkt werden –: das sehe ich so gern. Da stehen sie, mit nassem Fell, die Schweife wedeln ganz matt, sie lassen den Kopf hängen, und das eine stößt das andre, das grade trinkt, beiseite. Man sieht das Wasser in seine Kehle hinuntergleiten, es schlürft; alles an ihm ist Gier, gesättigte Gier, frische Gier und Befriedigung. Dann trinkt das zweite, und das erste sieht zufrieden vor sich hin, aus dem Maul rinnt ihm Wasser in langen Fäden ... Das ist schön. Ich möchte den Kutscher streicheln, der ihnen da seinen Eimer hinhält. Warum ist das schön –?

Weil es erfüllte Befriedigung ist, die ist so selten. Es ist legitimer Wunsch, erarbeiteter Lohn, Notwendigkeit, und eine erquickende Spur Wollust ist auch darin. Auch tut es niemand wehe; keine Spinne tötet hier die mit großem Fleiß eingefangene Fliege, ihren ebenso naturhaften Hunger zu stillen, und die Mikroben im Wasser werden wohl keine Schmerzen erleiden, wir wollen uns da nicht lächerlich machen – es ist schön, wenn Pferde getränkt werden.

Es ist auch etwas Freude an der menschlichen Überlegenheit dabei: dass es ein Mensch ist, der ihnen zu trinken gibt. Trinken sie zum Beispiel aus einem fließenden Bach, so gönnt man es ihnen, aber das Bild verliert etwas von dem Behagen, mit dem uns das erste erfüllt. Wir sind wohl sehr eitel, als Gattung.

Und dann ist es auch schön, weil Pferde nicht sprechen können. Kommt ein durstiger, durchschwitzter Wandersmann an die Theke des kleinen Gasthauses und sagt: »Ein großes Helles! Donnerwetter, ist das heute eine Hitze …«, dann trinkt er, und es ist kaum ein ästhetischer Genuss, ihm zuzusehn. Wenn nachher seine Augen glänzen und er »Ah –« macht, dann wirkt er auf uns, die wir keinen Durst haben, eine ganze Kleinigkeit albern.

Warum es grade bei den Pferden so ist, das weiß ich nicht. Man fühlt sich gut, wenn man sich vor ihnen gut fühlt. Eine milde Woge von Tierliebe quillt in einem auf. Aber die täuscht.

Denn läuft das Pferdepaar nachher nicht schnell genug, dann sind wir auf den Kutscher böse, weil er ihnen nicht ordentlich einen überzieht. »La race maudite, à laquelle nous appartenons …« sagte jener Fridericus in seiner Muttersprache. Wenn wir einmal nicht grausam sind, dann glauben wir gleich, wir seien gut.

# Das Ideal

Theobald Tiger

Ja, das möchste:
Eine Villa im Grünen mit großer Terrasse,
vorn die Ostsee, hinten die Friedrichstraße;
mit schöner Aussicht, ländlich-mondän,
vom Badezimmer ist die Zugspitze zu sehn –
aber abends zum Kino hast dus nicht weit.

Das Ganze schlicht, voller Bescheidenheit:

Neun Zimmer – nein, doch lieber zehn!
Ein Dachgarten, wo die Eichen drauf stehn,
Radio, Zentralheizung, Vakuum,
eine Dienerschaft, gut gezogen und stumm,
eine süße Frau voller Rasse und Verve –
(und eine fürs Wochenend, zur Reserve) –,
eine Bibliothek und drumherum
Einsamkeit und Hummelgesumm.

Im Stall: Zwei Ponies, vier Vollbluthengste,
acht Autos, Motorrad – alles lenkste
natürlich selber – das wär ja gelacht!
Und zwischendurch gehst du auf Hochwildjagd.

Ja, und das hab ich ganz vergessen:
Prima Küche – erstes Essen –
alte Weine aus schönem Pokal –
und egalweg bleibst du dünn wie ein Aal.
Und Geld. Und an Schmuck eine richtige Portion.
Und noch ne Million und noch ne Million.
Und Reisen. Und fröhliche Lebensbuntheit.
Und famose Kinder. Und ewige Gesundheit.

Ja, das möchste!

Aber, wie das so ist hienieden:
manchmal scheints so, als sei es beschieden
nur pöapö, das irdische Glück.
Immer fehlt dir irgendein Stück.
Hast du Geld, dann hast du nicht Käten;
hast du die Frau, dann fehln dir Moneten –
hast du die Geisha, dann stört dich der Fächer:
bald fehlt uns der Wein, bald fehlt uns der Becher.

Etwas ist immer.

Tröste dich.

Jedes Glück hat einen kleinen Stich.
Wir möchten so viel: Haben. Sein. Und gelten.
Dass einer alles hat:
das ist selten.

# Nachwort

Robert Stadlober

Und so sind wir nun gerattert und geruckelt, gejuckelt und gezuckelt, geglitten und gerast, durch eine Welt, die wie die unsre aussieht, die so klingt und sich so anfühlt, die so schmeckt. Und die sie ja auch eigentlich ist, nur halt ein paar Tage oder Jahre später. Vom Blick nach vorn zurück. Als hätte sich in den letzten einhundert Jahren kaum etwas verändert. Als baute sich der Fortschritt um uns schlicht permanent neu auf, nur um sich dann selbst wieder abzureißen.

Und die Träume und Wünsche bleiben, ähnlich und der Hass und die Gewalt aber auch, nur mit anderen Hüten und Schulterklappen oder einfach gar keinen mehr. Die fünf Herren, Panter, Tiger, Wrobel, Hauser und Tucholsky, die mit uns im Waggon saßen oder eigentlich noch immer sitzen, nicken bestätigend: Ja, so ist es wohl, die Herrschaft grinst immer gleich durch die Jahrhunderte auf uns und unsere kleinen Bemühungen herunter.

Aber, schlagen sie vor, wir könnten zurücklächeln. Schief, und doch mit Hoffnung. Weil wir um die Ausweglosigkeit wissen. Und um das gewisse Ende, das für alle zumindest ähnlich ist. Und weil wir doch die Freude haben, über die kleinen Erfolge des sich vorbei Stehlens an sinnlosen Grenzen und Verpflichtungen. Über die kurzen Momente der Genossenschaft, der Gemeinsamkeit gegen die herrschende Ordnung. Die Augenblicke, in denen die sinnvolle Unvernunft triumphiert über die Qualen der sinnlosen Vernunft.

Das zumindest wäre eine Erklärung dafür, warum mich diese Texte heute noch so treffen. Die Texte dieser fünf Herren, die in Wahrheit in nur einem Körper wohnten, dem von Kurt Tucholsky.

Geboren in eine Welt, die so ganz anders war als das, was mein, unser Heute ist. Ab 1890 hatte Tucholsky, noch unter dem Kaiser, die ersten Schritte durch ein völlig anders Berlin, ein völlig anderes Deutschland gemacht. Aufgewachsen in sogenanntem gutem Hause, wurden seine Talente schon früh von einem für die damalige Zeit unverhältnismäßig zugewandten Vater gefördert. Kurz nach dessen frühen Tod publiziert Tucholsky 1907 seinen ersten Text im Ulk, der satirischen Beilage des Berliner Tageblatts, beginnt Jura zu studieren, schreibt kaum fünf Jahre später ein Buch, welches ein gesamtes Land aufseufzen lässt: »Rheinsberg – ein Bilderbuch für Verliebte«.

Danach ist seine Stimme nicht mehr zu überhören, seine Analysen nicht mehr zu übersehen in allen fortschrittlichen deutschen Blättern in diesen ersten Jahrzehnten des 20. Jahrhunderts. Er geht scharf ins Gericht mit allem und jedem, dem stumpfsinnigen Obrigkeitsdünkel, dem tumben Militarismus des ausklingenden Kaiserreichs, dem Rausch, eine Nation, ein Volkskörper zu sein, der in die Katastrophen des 20. Jahrhunderts führte, wie auch mit den vermeintlichen progressiven Entwürfen eines neuen Lebens nach dem ersten Krieg und dem Hinabgleiten in noch unvorstellbarere Abgründe vor dem zweiten. Aber auch mit sich selbst und denen, die ihm ähnlich sind, kennt er keine Gnade. Er ist ein Bürger, allerdings einer, der sich für die Künste, die Boheme, das Cabaret begeistert und sich auch nicht zu schade ist, das Leben der angeblich kleinen Leute verstehen zu wollen. Er ist Jude, säkular zwar, will sich aber seine Herkunft nicht verbieten lassen, obwohl er noch 1914 aus der Gemeinde austritt und sich 1918 zum Ende des ersten Weltkrieges evangelisch taufen lässt. Er ist hin und her gerissen zwischen verschiedenen großen und kleinen Lieben und Abenteuern. Des deutschen Geistes irgendwann überdrüssig sucht er Freude und Ruhe zunächst in Frankreich, und nach einer kurzen Episode, in der er versuchte, seinen größten Mentor und Lebensfreund Siegfried Jacobsohn nach dessen frühen Tode als Chefredakteur der heute noch wegweisenden Zeitschrift Die Weltbühne zu ersetzen und an dieser Aufgabe grandios scheiterte, schließlich Abgeschiedenheit und letzte Zuflucht in Schweden. Als sich der Zusammenbruch aller Welten, an die er je geglaubt hatte, abzeichnet, tröpfelt er einfach aus, hinein in die sich aufbäumenden Stürme des Jahrhunderts. Und verschwindet. Doch er lässt uns seine Gedanken da, seine Menschenzugewandtheit, sein zärtliches, vergnügtes Verfechten des Individualismus, der sich eben nicht durch die Missachtung anderer freistellt und sich über sie erhebt, sondern durch die Andern erst zu seiner Singularität findet.

Und wenn Sie die ganze Zeit mitgefahren sind, wissen Sie sicher Bescheid. Den Zug, der durch die Zeiten fährt, den gibt es nicht. Den hab ich mir bloß ausgedacht. Es ist leider unmöglich, in eine wirkliche Eisenbahn zu steigen, die einen auf solche Weise durch das Leben fährt. Meistens sind wir zu Fuß unterwegs. Oftmals allein. Aber ab und an haben wir Begleitung. Im besten Falle von Menschen, die man liebt und von denen man zurück geliebt wird. Und im zweitbesten Falle von Texten, die einen ähnlich aufmuntern, bestätigen, bestärken. Die einem widersprechen, leis den Kopf schütteln über das eigene Unvermögen und einfach da sind, um einem die Gewissheit zu geben: Es gibt zwar keinen Neuschnee, aber wir sind auch nie wirklich allein.

Und weil es mir so ging mit Kurt Tucholskys Texten, habe ich in diesem ausgedachten Zug meine Gitarre ausgepackt und habe begonnen kleine Melodien zu erfinden zu den Worten Tucholskys. Anfangs nur, um sie mir selbst noch ein wenig näher zu bringen, bald jedoch, weil sich ein gänzlich neuer Raum auftat: Die Lieder wurden zum Zug. Und sie sind es immer noch. Sie tragen mich durch die Tage und die Verwerfungen da draußen, und eher öfter als selten habe ich das Gefühl, sie helfen mir, das Vorbeirasende besser zu verstehen, vielleicht auch auszuhalten. Aber vor allem: in Frage zu stellen. Hat nicht ein deutscher Dichter, ein anderer als Tucholsky, mal gesagt, oder habe ich es geträumt?, »Berlin ist wie ein Bahnhof, man weiß nie, ob man gerade ankommt oder schon wieder abfährt.« Selbst wenn ich's nur geräumt haben sollte, trifft es nicht recht genau zu auf diese Stadt an der Spree? Und vielleicht auch auf unser ganzes Leben? Ich möchte, dass Kurt Tucholskys Gedanken mein Zug sind, hinein oder heraus aus diesem Bahnhof. Und auf dem möchte ich weiterfahren, durch andere Städte, in die Berge und ans Meer, durch Deutschland und die Welt, durch mein Leben, durch dieses Universum. Denn es gibt keine Spitze und es gibt auch keinen Neuschnee.

# Erstabdrucknachweise

*Im Käfig* – Pseudonym Theobald Tiger, Die Weltbühne 1918
*Deutsch* – Pseudonym Ignaz Wrobel, Die Weltbühne 1924
*Canzonetta* – Pseudonym Theobald Tiger, Die Weltbühne 1920
*Gruß nach vorn* – Pseudonym Kaspar Hauser, Die Weltbühne 1926
*Das Lächeln der Mona Lisa* – Pseudonym Theobald Tiger, Die Weltbühne 1929
*Was darf die Satire* – Pseudonym Ignaz Wrobel, Berliner Tageblatt 1919
*An das Publikum* – Pseudonym Theobald Tiger, Die Weltbühne 1931
*Die Aussortierten* – Pseudonym Peter Panter, Die Weltbühne 1931
*Gefühle* – Pseudonym Theobald Tiger, Die Weltbühne 1925
*Nur* – Kurt Tucholsky, Buch »Deutschland, Deutschland über alles« 1929
*Der Pfau* – Pseudonym Theobald Tiger, Die Dame 1929
*Berlin! Berlin!* – Pseudonym Ignaz Wrobel, Berliner Tageblatt 1919
*Diese Häuser* – Pseudonym Kaspar Hauser, Die Weltbühne 1930

*Haus im Neubau* – Pseudonym Kaspar Hauser, Die Weltbühne 1924

*Wenn eena jeborn wird* – Pseudonym Theobald Tiger, Die Weltbühne 1932

*Weltbild, nach intensiver Zeitungslektüre* – Pseudonym Kaspar Hauser, Die Weltbühne 1931

*Nationale Verteidigung* – Pseudonym Theobald Tiger, Die Weltbühne 1918

*Der soziologische Horizont* – Pseudonym Peter Panter, Vossische Zeitung 1925

*Zuckerbrot und Peitsche* – Pseudonym Theobald Tiger, Die Weltbühne 1930

*Es gibt keinen Neuschnee* – Pseudonym Kaspar Hauser, Die Weltbühne 1931

*Die blonde Dame singt* – Pseudonym Kaspar Hauser, Die Weltbühne 1919

*Befürchtung* – Pseudonym Kaspar Hauser, Die Weltbühne 1929

*'s ist Krieg!* – Pseudonym Kaspar Hauser, Die Weltbühne 1919

*Zur soziologischen Psychologie der Löcher* – Pseudonym Kaspar Hauser, Die Weltbühne 1931

*Sie, zu ihm* – Pseudonym Theobald Tiger, Die Weltbühne 1931

*Lyrik der Antennen* – Pseudonym Peter Panter, Vossische Zeitung 1931

*Augen in der Großstadt* – Pseudonym Theobald Tiger, Arbeiter Illustrierte Zeitung 1931

*Die Nachgemachten* – Pseudonym Peter Panter, 8-Uhr Abendblatt 1923

*Wo ist der Schnee …* – Pseudonym Theobald Tiger, Simplicissimus 1930

*Verloren* – Pseudonym Peter Panter, Vossische Zeitung 1926

*Schöner Herbst* – Pseudonym Theobald Tiger, Die Schaubühne 1913

*Ab 12:46 Uhr* – Pseudonym Peter Panter, Vossische Zeitung 1930

*Deutscher Abend* – Pseudonym Theobald Tiger, Die Schaubühne 1914

*Der Verkehr* – Kurt Tucholsky, Buch »Deutschland, Deutschland über alles« 1929

*Dichtkunst 1926* – Pseudonym Theobald Tiger, Die Weltbühne 1926

*Der Grundakkord* – Pseudonym Peter Panter, Vossische Zeitung 1931

*Zweifel* – Pseudonym Theobald Tiger, Die Weltbühne 1925

*Erfüllung* – Pseudonym Kaspar Hauser, Die Weltbühne 1929

*Das Ideal* – Pseudonym Theobald Tiger, Berliner Illustrirte Zeitung 1929

*(Die Rechtschreibweise wurde der neuen Rechtschreibung angepasst.)*